집안에서 키우기만 해도 약이 되는
반려식물 분경 석부작

보고 듣고 만지고 먹으며 느끼는 **오감체험**

집안에서 키우기만 해도 약이 되는
반려식물 분경 석부작

조우현 지음

마음시회

독자께 드리는 글

　지구가 많이 아파합니다. 우리는 자연 없이 한순간도 살 수가 없습니다. 시대적인 변화에 따라 삶이 요구하는 용기와 인내가 절대 가볍지 않은 것입니다. 자연에 부여된 시간 속 참된 교훈 앞에 서서 간사한 마음을 깊은 곳에 가라앉혀 놓고 야생초와 벗 삼아 이야기하며 보낸 세월을 돌이켜 보면 내겐 참으로 소중한 시간이었습니다.
　야생초 분경 석부작과 인연을 맺어 첫발을 내딛던 날, 자연의 오묘한 신비는 나로 하여금 가슴 설레게 하였고, 잠 못 이룰 만큼 흥분시키기에 충분한 것이었습니다. 오로지 그 심부를 캐기 위해 수없는 체험과 위기를 넘기며 찾아다닌 세월은 아마도 수십 권의 책으로도 모자라지 않을까 생각합니다.
　야생초 분경 석부작 초심자들과 키우기만 해도 약이 되는 치유 및 개선에 좋은 반려식물을 키우는 독자들께 조금이라도 도움이 되었으면 좋겠다는 마음으로 쓰기 시작한 원고였습니다. 한국 야생초 분경 석부작 문헌을 만들기 위해서였고, 그 무엇보다 글과 풀이 좋아 한 편 한 편 쓰게 되었습니다.
　늘 심혈을 기울여 쓴다고 생각하지만 부족한 점이 왜 없겠습니까. 책 발간에 망설이던 중 마음시회 출판사 이정하 편집주간과 인연이 되어 용기를 내어 야생초 석부작 기본이 수록된 반려식물 분경 석부작 1호를 출간하게 되었습니다.

　이왕에 나선 작가의 길이라면 참된 작가가 되고 싶습니다. 대자연의 진리와 섭리를 깨닫고 받아들일 수 있는 안목으로 견문을 넓혀 스스로 마음을 다스리고 겸손해할 줄 아는 자연을 다루는 야생초 분경석부작 작가로 경지에 오르고 싶은 욕심도 가져봅니다.

　한 포기 풀도 꽃 필 때는 종족 번식의 사명감 같은 의무를 다하기 위해 피는 것이 본능입니다. 시를 노래하고 자연을 소재로 작품을 만드는 작가로서 남겨야 할 것이 있다면 글, 즉 책이 아니겠습니까. 이 책이 나오기까지 수고를 아끼지 않은 출판사 관계자들께 감사드리며, 모쪼록 이 책이 독자 분들께 좋은 책, 좋은 기억으로 남게 되길 충심으로 바랍니다.

2022년 가을
분경 석부작 명인 조우현

차례

PART 1 — 008
분화

야생화(반려식물)를 취미로 즐기는 방법 _ 011
야생화를 키우며 즐기려는 목적 _ 014
초심자를 위한 분화의 기초 상식 _ 021
분갈이의 기본 _ 024
식물과 용토 _ 027
액비(물거름) 만드는 법 _ 028
자연 경관 집에서 즐기는 법 _ 029
베란다 조경 _ 034
베란다 텃밭 _ 037

PART 2 — 046
분경

민속식물의 소중함 _ 049
민속식물을 이용한 분경의 기본 _ 051
관상 가치를 가진 민속식물 _ 055
분경 연출 기법 _ 062
분경 연출 순서 _ 066
분경 연출 구도학 _ 070
석부작과 목부작 연출법 _ 071
다양한 분경 연출법 _ 074

PART 3 — 092
석부작

석부작 연출에서 감상까지 _ 095
우리와 함께 살아가는 식물 _ 097
석부작의 5대 요소 _ 102
접착제로 석부작하는 방법 _ 105
다양한 석부작 연출법 _ 108

PART 4 — 176
목부작

목부작의 기본과 구도 _ 179
목부작 소재 방부 처리 방법 _ 184
다양한 목부작 연출법 _ 187

PART 5 공예품 작품편 — 212

다양한 공예품 연출법 _ 215

PART 6 민속품 작품편 — 226

다양한 도부작 연출법 _ 229
도편경작 _ 245
다양한 민속품작 _ 247

PART 7 재활용품 작품편 — 260

다양한 재활용품 작품 연출법 _ 263

PART 1

분화

때로는 우리 몸 속의 병을 치유하는 약용으로 사용하기도 하고, 식용으로 사용하며 집안에서나 업무공간에서는 반려식물로서 환경개선에도 큰 기여를 한다.

야생화(반려식물)를 취미로 즐기는 방법

21세기 문명이 최첨단으로 발달함에 따라 우리의 소중한 자연 속까지 아스팔트와 시멘트 구조물이 점령했다. 빌딩 숲이 더욱 익숙해져 있는 도시인들에게 삭막함과 각박함이 일상 생활화되어가는 요즘 산업전선에서 지친 몸의 피로를 풀어주는 아늑한 침실처럼 정겨운 초자연을 그리워하는 사람이 많이 있을 것이다. 우리가 살아가는 방법이 다소 다를 수는 있어도 자연과 더불어 사는 방법은 똑같을 것이며 한 생애의 기나긴 인생 항로에서도 적당한 휴식이 필요한 것이다.

우리 주변에 자생하는 야생 민속식물은 우리에게 좋은 휴식과 건강을 안겨준다. 늘 반복되는 일상생활

우리 주변에 자생하는 야생 민속식물은 우리에게 좋은 휴식과 건강을 안겨준다.

초물경 분경 석부작

에서 이해타산을 논하며 속이고 속는 사람 관계는 잔머리를 쓰며 하루하루를 마감하는 일상이 연속적이다. 우리네 인생살이 알고 보면 별것 아닌데 서로서로 물고 뜯는 경쟁 속에 많은 스트레스를 받으며 호구지책에 눈치를 봐야 하는 게 현실이다.

　돈을 버는 일에는 더욱 어려움이 많아지고 눈치 보는 일이 많아지니 심신이 녹초가 되어 본인의 존재가치를 잊고, 굴욕을 참아야 하며 밀고 당기는 경쟁 속에 고달프기가 그지없는 세월! 좌절과 실망의 고배를 마시며 외롭고 허무한 세상이라고 탄식을 자아내며 자신감을 잃은 패배자로 전락하는 사람을 자주 본다.

　모든 사람의 사는 방식에 이유가 있듯이 저자도 나름대로 사는 방식을 가졌기에 좀 더 아름답고 멋스러운 삶을 살기 위한 욕망으로 자연에 접근하여 시야를 넓게 본다. 이때 심신이 지친 몸과 마음을 추스르며 무지하게 살아온 삶에 채찍질하듯 허무함을 곱씹으며 지친 몸과 마음에 위로가 될 대상을 찾아 나서는 나이는 중년의 끝자락에서 보상이라도 받으려는 듯 기웃거린다. 나의 인생 반세기에 죄의식 같은 운명의 장난을 일소에 붙이고 죽음의 부름도 미소로 대하려는 마음의 자유를 얻어 조금씩 변해가는 것을 느끼는 것은 조금의 철이 드는 것일까? 자연을 이해하고 사물을 바라보는 시선에 칼날이 없으면 깃털같이 부드러운 눈빛으로 관대하고 포용력 있는 지혜를 배우려면 자연의 섭리를 깨달아 가는 것이 가장 빠를 것이다. 이러한 경지에 이르려면 자연과의 관계를 회복하는 길밖에 없다.

　인간이 추구하는 삶은 각자가 다르겠지만 자연만큼은 거부할 수 없을 것이다. 본인의 존재와 가치가 아무리 높아도 자연이라는 테두리를 벗어날 수는 없을 것이며 자연을 이해하고 더불어 가는 법을 깨우칠

깽깽이풀

때 본인의 또 다른 성숙된 모습을 재발견할 수 있는 좋은 계기가 될 것으로 본다.

미래 지향적인 면에서도 자연을 바라보는 시선이 사랑의 눈빛으로 아름다운 미적 감각을 키워갈 때 우리 민속식물의 가치와 소중함을 느끼며 고부가 가치를 높이는 식물로 높이 평가될 것이다.

우리 주변에 흔히 살아가는 식물이지만 무관심 속에 멸종이나 위기에 처한 식물이 부지기수인데 어느 날 나의 관심 속에 소중한 자원으로 보존된다면 눈부신 태양의 빛살이 나의 몸을 스쳐 빛을 발하는 희열감에 빠질 것이다. 그때 비로소 위대한 우리 민속식물 한 포기 한 포기가 대자연의 아름다움을 노래하는 것처럼 느껴질 것이고, 자신이 하늘을 나는 자유를 누릴 수 있을 것이다.

우리 민속식물을 발굴하여 보존하고 가꾸며 자연스럽게 피부로 느끼려는 것이 삶의 질을 높이는 원동력이 아닐까 생각한다. 잘 숙성된 된장이 우리 음식 문화의 선두주자라 하면 우리 민속식물인 야생초는 우리의 삶을 책임지는 근본이 아닐까 생각한다. 때로는 우리 몸 속의 병을 치유하는 약용으로 사용하기도 하고, 식용으로 사용하며 집안에서나 업무공간에서는 반려식물로서 환경개선에도 큰 기여를 한다. 공기 정화에서 미세먼지를 흡수하여 우리의 건강에도 큰 기여를 하는 자연의 위대함은 절대적이다.

야생화를 키우며 즐기려는 목적

우리가 태어난 곳이 자연이라면 사는 곳도 자연이요 돌아가는 곳도 자연이 아니던가. 인간은 태초에 자연과 더불어 살아갈 수밖에 없도록 만들어진 오묘함에 유전자를 가지고 태어나 완성된 자연에 승복하며 자신의 완성도를 높여 나가는 것으로 생각한다. 사람은 본능적으로 반사적 반응 능력을 타고나 자연에 순응하며 더불어 사는 방법을 잘 알고 있다. 늘 대하는 자연임에도 우리는 아름다운 경관이나 산과 들에 피어 있는 야생화를 보게 되면 감탄하거나 기쁨을 느낀다.

많은 사람이 야생화를 좋아하며 집안에서 가꾸며 즐기는 목적은 어떤 경우이든 자연과 더불어 사는 공존의 법칙을 알기 때문일 것인데 좀 더 멋스럽고 작품성으로 품격을 높여 즐기는 방법은 당연하다 할

은방울꽃

수 있다. 자연을 흠모하고 사랑하는 많은 사람들이 모여 다양한 작품으로 연출하여 즐기는 모임 단체나 동아리가 많이 생겨난다. 그것은 우리가 자연 속에 살아가지만 더욱더 가까이에서 자연을 대하며 즐길 수 있기를 끊임없이 갈구하기 때문일 것이다.

다시 말하자면, 자연 일부를 본인의 생활공간 속으로 끌어들여 어

집안에서 키우기만 해도 약이 되는 바려식물 풍경 석부작

누운향나무 석부작 분경

야생화 작품 전시

느 유명한 산의 깊은 계곡이나 호수, 폭포 평야 등을 연상하며 착각 속에 빠져들어 마치 그곳에 와있는 대리만족으로 싱그러운 자연의 숨결을 맛보고자 하는 사람의 본능이 표출하여 야생화를 가꾸며 즐기는 것이라 할 수 있다.

그러므로 우리 강산이나 주변에 자생하는 야생초들은 가장 친근감이 든다. 하여 부담 없이 집안에서 가꾸는 것은 자신이 태어나 보고 자란 식물들과 가장 밀접하게 살아가는 자연의 멋스러움을 가장 자연스럽게 만끽할 수 있는 대상이기 때문이다. 또한, 야생화가 우리 인간에게 주는 무한한 에너지는 감각을 통한 풍요로움과 삭막한 도심 생활의 정서 순화는 물론 위대한 자연의 법칙을 일깨워 주는 생활의 활력과 이상을 추구할 수 있게 해주는 이성을 가지고 있기 때문이다.

우리의 강산에서 수천 년의 민족 역사와 함께 자라 온 야생화는 단순한 식물학적 가치뿐만 아니라, 다양하게 활용되는 측면으로 보아 매우 중요한 자원이다. 그동안의 야생초에 대한 이용은 식품과 한약 재료의 주재료로 주목받으며 식품으로 사용되어 온 것 외에도 사료나 땔감, 퇴비 등의 용도로도 사용되었다.

최근 도시 문명사회의 급격한 변화를 가져오면서 무분별한 난공사로 말미암아 무차별하게 훼손됨으로 멸종이나 위기에 빠지는 식물이 많아지고는 있으나 많은 애호가가 자연에 대한 관심을 둠에 따라 야생초를 관상용이나 취미생활의 하나로 화분 또는 화단에서 가꾸는가 하면 농가에서는 대량 재배로 말미암아 고소득 창출에 기여하는 나라의 중요한 자원이라 할 수 있다.

매발톱

특히 정원이나 가로변 등에 지피식물이 이용되고 있는 것은 매우 환영할 만한 일이다. 야생초는 우리나라 자연환경에서 자라 왔

노랑붓꽃

기 때문에 환경만 고려해 준다면 지역별 특성에 알맞은 식물이 많으므로 적절하게 활용한다면 막대한 외화 낭비도 줄일 것이며 국민 정서에도 큰 효과가 있을 것으로 본다.

전국 각 지역에 자생하는 민속식물을 고장의 상징적인 식물로 활용한다면 더욱 인상적인 느낌이 들 수 있을 것이다. 야생화를 취미나 원예 가치에서 볼 때 일반 분재나 관엽식물의 전문성이 필요한 한계성을 넘어서 누구나 손쉽게 키울 수 있는 야생화는 다양한 욕구를 충족시킬 수 있을 것이고 비교적 재배하기도 수월해 애호가들이 계속 늘어날 것이며 국민 정신문화 함양에도 크게 이바지할 것이다.

야생화를 주제로 한 취미생활은 다른 어떤 취미생활보다 훨씬 경제

자란

월귤

적이고 심신 건강과 즐거움을 동시에 만족하게 할 수 있다. 기존의 수석, 꽃꽂이, 난, 분재, 다육이 등의 각종 취미 애호인 들이 야생화를 주제로 한 석부작, 분경 분야의 취미생활로 전향하며 더욱 선호하는 추세가 날로 늘어나고 있어 산야초의 야성미는 꾸준히 연구하며 원예화의 산업화 가치가 높일 수 있음을 보여준다.

대부분의 야생화는 홀로 자라기보다 같은 종류나 다른 식물들과 어우러져 군락으로 자라는 습성이 있고 철저한 공생관계의 근성으로 강건하다. 때문에 화분이나 자연석에 다양한 식물들과 함께 연출하여 봄, 여름, 가을, 겨울의 풍부한 계절 감각을 느낄 수 있게 하여 관상 가치를 극대화한다. 또한, 일반 분재나 관엽식물은 관리하기가 어려우며 비용이 많이 들어간다는 단점과 전문성이 있어야 한다는 부담감이 있으며 완성도의 작품으로 감상할 수 있는 단계까지 3년~10년, 길게는 수십 년이 소요되는 반면에 야생초는 2~3년 안에 완성된 작품을 감상할 수 있는 것이 장점이다.

야생화를 취미로 즐기며 얻을 수 있는 가장 큰 장점이라면 저렴한 가격으로 손쉽게 구입이 가능하다는 것이다. 끈질긴 생명력이 있어 남녀노소 누구나 공감하며 즐길 수 있기 때문에 주어진 공간에 잘 맞는

동강할미꽃

　식물 선택만 한다면 어느 장소나 관계없이 풍요로움과 부드러움을 가진 우리 민속식물만의 특유한 향까지 즐기며 공유할 수 있는 큰 장점이 있다.
　그러므로 정부 기관이나 학계 민간 기업에서는 풍부한 자원을 철저히 관리하며 선별하여 원예용으로 주목받을 신품종 육종을 위한 조직배양이나 대량 번식 방법을 개발하여 일자리 창출과 농가소득에까지 직접적인 영향이 미치도록 하는 것이 급선무라 생각된다. 특히 우리 민속식물의 중요성을 꼽을 수 있는 장점은 약효가 뛰어나다는 것이다. 하여 천혜의 자원 활용 방안에 대하여 많은 관심을 두고 연구를 하며 그 귀중한 가치를 평가해야 할 것이다.
　참고로, 외국은 새로운 원예 치료학이나 반려식물로 개발되고 있다. 주로 정서 불안, 스트레스 해소, 정신 질환 환자들에게 매우 효과가 크다는 보고와 같이 원예 치료학의 한 방법으로 야생화를 활용하는 방

기림초석 석부작(왼쪽), 한라개승마 분화(오른쪽)

안에 대해 연구할 가치가 크다. 따라서 우리가 너나 할 것 없이 많은 관심과 사랑으로 자연을 아끼고 소중하게 생각하며 무분별한 자연 훼손을 하지 말자는 말을 해두고자 한다.

초심자를 위한 분화의 기초 상식

분화란, 야생초를 예쁜 그릇에 심어 아름다운 미적 감각을 높여 관상 가치를 높이는 것을 말한다.

1 우선 자신이 관상하고자 하는 식물을 고를 때는 상록으로서 근실하고 형이 좋은 식물을 선택한다. 적어도 분 안에서 1년 이상 적응된 식물을 선정하는 것이 바람직하며 잎과 꽃의 관상 가치가 있는지도 검

토하는 것이 실패 볼 염려를 줄인다.

2 다음은 분을 선택하는 과정에서 식물과 그릇의 크기와 조화가 잘 이루어질 것인지 확인을 하며 구매한다. 이때 주의할 점은 화분이 너무 화려하면 시선이 그 화분에 집중됨으로 피하는 것이 좋다. 또한 화분의 크기가 맞지 않으면 시각적 분산으로 정감이 가지 않으므로 중도에 포기하는 예가 많다.

3 분 안에 심을 때 주의할 점은 기존의 흙을 완전히 제거하고 새 흙으로 심는 것이 바람직하다. 식재는 더운 식재와 차가운 식재로 나누어진다. 초심자들이 식물을 취미생활 하면서 한여름에 관리하기가 어려우며 실패를 보는 이유는 식재의 영향이 가장 많은 비중을 차지한다. 특히 대중화되어 있는 굵은 모래(마사토)는 더운 식재이므로 한여름

붉은사철란

에는 더욱 신경을 써주는 것이 좋으며 부엽토나 거름을 혼합하여 식재하는 경우가 많은데 이 방법은 바람직하지 않다.

　부엽토나 거름을 섞어 심으면 주어진 분 안에 통기성과 배수를 방해하는 주요 원인이므로 피하는 것이 좋으며 굵은 모래(마사토)만 가지고 식재하는 것이 바람직하다.

4 심는 방법으로는 분 아래 배수 구멍에 물 빠짐 망을 깔고 철사로 고정한다. 다음 굵은 모래를 3분에 1 정도 깔고 중간 모래를 깔고 선정한 식물을 잘 손질하며 심으면 된다. 다 심은 다음에는 가는 모래나 포장토를 가지고 멋스럽게 연출하는 것도 바람직하다. 여기서 저자의 연구와 경험을 토대로 한 지식 한 가지를 알려준다면, 차가운 식재로서 송이석이나 백두산 부석 등이 있는데 이 식재는 천연토양으로 차가운 성질의 토양이며 세라믹 성분이 많이 함유되어 주어진 공간 속에서 식물이 성장하는 데 많은 도움을 줄 것으로 본다.

5 거름주기는 물거름을 주는 것이 좋으며 초봄부터 초여름까지 시비하고, 한여름과 한겨울은 시비를 중단하는 것이 좋다.

6 야생초는 분재와 달리 1년에 한 번 분갈이하여 주는 것이 좋으며 늦어도 2년에 한 번은 해주는 것이 좋다. 분갈이하는 시기는 움이 나오기 전 초봄이 좋으며 동면에 들어가기 전 늦가을이 바람직하다. 분갈이가 완성되었으면 통풍이 잘되는 반 그늘에 보관하며 습도를 높여주고, 물주기를 하며 15일 정도 후에는 점차 일조량을 높여준다.

미니비비추

비비추(왼쪽), 애기둥굴레(오른쪽)

분갈이의 기본

우리가 집안에서 키우는 모든 식물은 분 안에 심어서 키운다. 때문에 주기적으로 분갈이를 해줘야 한다. 이유는 산성화되어 있는 흙을 알칼리성 토양으로 바꾸어주기 위한 것이다. 동시에 뿌리 다듬질과 배수 및 통기성을 높여 식물의 생장성에 도움이 되도록 하는 것이다. 분갈이에 있어 식물의 성질이나 상태를 고려하여 분갈이를 하는 것이 바람직하다. 낙엽수와 침엽수 그리고 목분류와 야생화류 등으로 나뉜다.

우선 분의 형태는 분의 높이가 낮으며 물 빠짐 구멍이 큰 것으로 하는 것이 좋으며 토향은 굵은 모래를 많이 쓰는 것이 바람직하다. 식물의 뿌리가 화분에 꽉 차 있거나 물구멍으로 뿌리가 빠져나왔을 때 분갈이가 필요한 시기라 할 수 있으며 이때 뿌리 다듬기를 적절하게 하는 것이 좋다.

뿌리 부분에서는 굵은 뿌리는 절단하되 잔뿌리는 잘 다듬질하여 뿌리 속에 바람이 들어가지 않도록 하는 것이 좋은 방법이라 할 수 있으며, 뿌리 및 중앙에 토탄을 뭉쳐 놓아주는 것이 좋으며 토탄이 없을 때는 부엽토를 사용하는 것도 한 방법이다. 이유는 뿌리를 건드려 놓은 상태이므로 탈수증이 올 수 있으며 건조 병을 막아줄 수 있기 때문이다.

반면에 위와 같지 않더라도 분갈이를 한 지가 2년 이상 지났다면 분갈이를 해주는 것이 좋다. 흙은 이미 산성토양으로 변질되어 있을 것이며 걸음 성분도 없을 것이다. 또한 햇빛도 적당하고 물도 제대로 주고 병충해도 없는데 식물이 잘 자라지 않거나 건강해 보이지 않는다면 이때도 분갈이가 필요한 시기라 생각하면 된다.

분갈이는 '봄'과 '가을'이 가장 좋은 시기이지만 실내 화초의 대부분은 계절에 크게 영향을 받지 않으나 그래도 너무 추운 겨울은 피하는 게 좋다.

식물도 산선식물과 알칼리성 식물이 있으며 토향에서도 마찬가지다. 그러므로 그 식별 법을 잘 알아가며 토양과 식물의 궁합에 맞게 분갈이를 하는 것이 바람직한 방법이다.

분갈이를 할 때는 걸음이나 부엽토를 사용하지 않는 것이 좋으며 식물이 제자리를 잡은 후 액비를 주는 것이 가장 좋은 방법이다.

식물 주변이나 화분 위에 이끼가 끼었다면 그 화분은 이미 산성으로 식물의 발육상태가 안 좋다는 결과로 보면 된다.

산성화된 토질을 알칼리성으로 바꿔주는 역할에 있어 석화(굴) 껍질이 좋다. 사용 방법은

금꿩의다리

깨끗한 굴 껍질을 물에 담가 놓았다가 그 물을 주는 방법이다. 그러나 이 방법은 근본적으로 치유되는 방법은 아니므로 분갈이를 하는 것이 원칙이다.

분갈이 흙에 있어서는 마사토, 녹소토, 적옥토, 부엽토, 부석, 송이석, 난석 분갈이 용토 등이 있으며 그 외 많은 인공토향이 나와 있다. 가급적 천연석으로 쓰는 것을 권장한다. 소나무 종류는 석비리토양이나 마사토를 쓰는 것이 좋으며, 사스끼 종류에는 녹소토를 많이 쓰고 있다. 분갈이 이후 관리하는 것이 분갈이 하는 것보다 중요하므로 관리를 잘해야 한다.

식물과 용토

　야생초는 그 종류가 다양하기 때문에 용토도 식물의 특성에 따라 다르게 사용하는 것이 좋다. 일반적으로 사용되고 있는 용토는 강모래, 마사토, 수태, 피트모스, 깔겨, 아통볼, 버미큘라이트, 부엽토, 토탄, 슈가토, 적옥토, 바크, 바위손뿌리, 홍토, 해고 등이 있는데 이들 중 자생지 상황에 가깝도록 선택하여 사용하는 것이 좋다.
　식물의 뿌리는 공기를 호흡해야 하므로 일정량의 산소가 분토 내에 포함되어 있어야만 정상적인 활동을 하게 된다. 적당히 큰 흙의 알갱이 틈 사이에 공기가 넉넉히 포함되어 있으면 통기성이 좋다고 한다. 그런데 흙가루가 많이 섞여 있으면 흙 알갱이 사이의 틈이 비좁아 공기를 많이 품지 못하게 되므로 요구 산소량이 부족하여 생장에 영향을 주므로 고사하는 경우가 많은 것이다.
　그러나 동일한 야생초라도 가꾸는 사람의 재배 환경이나 관수의 횟수, 양 등에 따라서 용토도 당연히 달라져야 하지만 자생 상황을 고려하여 그 지방에서 구하기 쉬운 통기성과 보습력이 있는 용토를 이용하는 것이 간편할 것이다. 건조를 싫어하는 식물은 수태, 녹소토, 부엽토, 토탄 등의 보습력이 있는 용토를 혼합하되 입자의 크기를 조절하여 사용하는 것이 좋다. 한편, 건조한 환경을 좋아하는 야생초의 경우에는 강모래 마사토 등의 물 빠짐이 좋은 용토를 사용하되 입자의 크기를 조절하여 사용한다.

액비(물거름) 만드는 법

집안에서 음식 찌꺼기 나오는 것을 모아 천연 퇴비(비료) 만들어 주는 방법을 알아보자.

어느 집이든 어느 사람이든 꽃을 싫어하는 사람은 없으며 집안에 화초가 없는 집이 없을 정도로 보편화되어 있으나 관리 요령과 식물 습성에 대한 지식은 무지하다 할 수 있다. 때문에 오늘은 집 안에서 나오는 음식 찌꺼기를 활용하여 쓰레기도 줄이고 환경오염을 줄이며 화초 밑거름 만들어주는 방법을 공부하며 배워보기로 하자.

집안에서 화초를 키움으로써 삭막함을 없애주고 생동감을 주며 스트레스 해소는 물론 심신을 안정시켜주는 역할을 충실히 한다. 본래 분 안에서는 통기성이 적으며 배수되는 데 한계가 있으므로 분에 거름을 섞어 심는 방법은 잘못된 방법이라 할 수 있으며 분에 심어진 식물 거름주기는 물거름을 주는 것이 좋으며 배수 및 통풍에도 효과가 있다.

손쉽게 거름을 만드는 방법으로 두 가지를 알아보자.

우선 음식 찌꺼기에서 고기류나 생선 종류는 따로 모아 버리고 야채 종류 찌꺼기를 양파 자루에 모아둔다. 다음은 쌀뜨물을 받아 양파 자루를 뜨물에 담갔다 꺼내어 걸어놓는다. 이 방법을 계속 반복하면 하얀 곰팡이가 생기며 발효가 되어 아주 좋은 거름으로 활용할 수 있다. 두 번째로는 오래된 산 부엽토를 긁어다 물에 우려내고 발효가 잘 된 매주 한 덩이와 깻묵 한 덩이를 잘게 썰어 뼛가루와 혼합해 부엽토를 우려낸 물에 다시 진하게 우려낸다. 우려낸 진액을 물 100배로 희석하여 초봄부터 초여름까지 월 4~5회 정도 시비하면 훌륭한 효과를 거둘 수 있을 것이며, 야생화 병충해는 살균, 살충제를 살포하는 것보다 우리 주변에서 손쉽게 구할 수 있는 목초액을 구입해 수시 살포하면 병충해 예방에 탁월한 효과가 있을 것이다.

 탐스럽고 근실한 꽃과 열매를 보려면 인이 풍부한 거름주기를 하면 좋은데, 그 인산 가리를 집에서 사골이나 설렁탕을 우려먹은 뼈를 버리지 말고 볕에 오래 말리면 풍화작용에 의해 뼈가 부실부실 부수어진다. 이때 가루를 내어서 식물에 주면 낙과 예방과 근실한 꽃과 열매를 오래 관상할 수 있을 것이다.

자연 경관 집에서 즐기는 법

 사람은 늘 뭔가에 쫓기며 사는 듯하다. 그러므로 신앙에 의존하고자 하는 본능이 표출될 것이며 무료함을 달래고 싶은 충동이 들기에 각자의 취미생활을 하며 숨겨진 자신의 나약함을 달래고 위로하곤 한다. 저자 역시 무료한 날이면 여지없이 돌 한 점을 꺼내놓고 능선과 계곡을 찾아 이리저리 바라보며 풀 한 포기 심어놓을 명당자리를 찾아 착생하도록 해 훗날의 완성미를 꿈꾸어왔다.

 기다림의 시작은 미완성인 오늘에 시작이다. 인고의 아픔은 시간이 말해주듯 봄이 지나고 초여름이 되자 청 옥색 뿌리가 촉발되어 영롱한 보석처럼 표면에 자리를 잡아 내리기 시작했다. 비록 가는 길이 험하고 거칠어도 굳이 피하려 하지 않고 자연의 섭리에 순응하며 뻗어가는 뿌리를 보면 참으로 경이롭기까지 하다. 한낱 잡초에 불과한 식물에서도 주어진 환경에 적응하는 능력은 인간에게 있어서는 큰 스승이며,

능동적이고 자제한 적응력에 인간은 늘 감동하며 자연의 고마움을 조금씩 깨우쳐가는 것이다.

대자연을 축소하여 분 안에 연출하는 석부작의 묘미란 신의 손으로 빚어낸 수석의 오묘함이라 할 수 있을 것이다. 다음은 풍란이 가지고 있는 생명력과 천 년을 산다는 학처럼 아름다운 자태, 지구 위에 가장 좋은 향을 가진 것이며 힘차게 뻗어가는 뿌리일 것이다. 그러므로 풍란 석부작을 취미생활로 하는 사람은 욕심이 가장 많은 사람이며 예술적인 취미로 호화로운 취미생활이며 사치스러운 사람이라 하겠다. 그 이유는 바로 앞에서 열거한 세 가지의 삼중 복의 미적 가치를 동시에 보고 즐기기 때문이다.

풍란의 생태를 분석해보면 그 이름에서 말해주듯 바람 부는 해변의 바위벼랑에 아슬아슬하게 붙어서 해무(海霧)로 목을 적시며 살아가는

반려식물 작품 전시관

깡다구뿐인 향초이다. 그로 말미암아 별난 취미인들의 눈에 목격되어 석부작과 목부작의 주 소재가 되어 많은 가정의 베란다에서 대접받으며 살아가고 있는 것이다.

계절과 관계없이 어느 때든 석부작을 연출할 수 있으나 4월에서 6월 사이가 작품의 극치를 발견하게 되며 또 의미와 진가를 부여하는 계절이라 하겠다. 새로운 촉이 움트고 옥빛의 영롱한 뿌리가 내리며 학처럼 기품이 있는 청백의 하얀 꽃이 피어나면 감향에 취해 신비감의 도가니에 사로잡혀 잔잔한 감동을 유발한다.

사람은 온갖 지위를 누리고자 가진 수작을 부리고 임기응변으로 간사한 행위를 서슴지 않는 경우가 많이 있으나 지위 때문에 끗발이 서고 더불어 경외(敬畏)하는 것이라고 본다면 석부작이 멋있게 보이는 것도 역시 경과, 선, 구도가 좋은 자연석의 오묘함에 가장 많은 비중을 차지하는 것이 자명하다.

풍란 자체만으로도 향초로 만족할 수 있겠지만 축소된 비경의 좋은 돌에 난 몇 촉이 자리를 잡았을 때 더욱 돋보이고 멋있게 보이는 것은 당연한 일이다.

천척단애를 연상하게 하며 힘을 상징하는 입석, 저쪽 미지의 세계를 상상하며 자연의 신비를 볼 수 있는 수문석, 아련한 저 언덕 피안을 보게 되는 관통석, 고향의 정취를 느낄 수 있는 원산경 등, 이런 돌에 풍란 석부작이 제격이다. 인간의 역동적인 발상에 도전은 쉼 없이 자행되며 조금씩 진화해가는 것이다. 이런 견지에서 볼 때 한낱 식물도 그러한데 항차 사람에게 있어서는 출세라는 것이 자신을 지배하고 가정과 조직사회에 책임완수라는 짐으로 무한한 도전정신을 키워가는 일은 더없이 중요하다. 살아남기 위해서, 더 나아가 번영을 구가하기 위해서,

아슬아슬하게 지탱하고 살아가는 그 투혼 정신과 승리욕 기질에 감동은 지극히 자연스럽다.

뿐만 아니라 풍상을 이겨내는 이유, 고독과 싸워 이기는 선사(禪師)적 청의(淸意)에 옷깃을 여미게 하기도 한다. 큰사람이 되려면 만고풍상과 천신만고를 겪으며 고독과 투쟁으로 극기하게 된다. 백척간두진일보(白尺竿頭進一步)하는 자세로 풍상을 벗 삼아 고뇌의 아픔을 견디며 살아가는 천부적 야생성은 긴장감을 가져오며 끈기를 주특기로 하고 있다. 가히 석상영웅(石上英雄)이라고 해야 할 그는 남과의 비교 당하기를 싫어하고 표현은 공중에서 팔을 벌리고 온갖 멋을 다 부리고 있다. 영겁이 무소용한 돌의 맥을 빨아 먹으며 마치 장검을 뽑아 든 장군 기마상처럼 의연히 청운을 살리며 버티고 섰다. 별종이며 독종이고 또는 특종이라 해야 할 그는 강인한 천고의 힘을 인간에게 말없이 일러주고 있다. 천하에는 벗하고 친할 것이 많지만 어찌하여 그대는 그토록 무심하고 무정한 풀과의 인연을 맺었단 말인가. 강자에 기대어 살면서도 전혀 비굴하지 않고 오히려 늠름한 기질에 자못 긍지를 느끼게 하는 자태야말로 인간에겐 스승이라 할 수 있다.

세상살이는 이미 만남의 설정이다. 누가 누구를 만나서 잘 먹고 잘 사느냐는 무한한 경쟁 속에 정해진 만남, 이것이 인생이다. 풍란과 돌도 만나서 빛이 나고 붙어서 돋보이는 궁합과 결합, 오행과 역학 이런 것들이 다 동참하고 있다.

소나무와 명월, 호수와 청풍, 가을 하늘과 기러기, 선남과 선녀, 스승과 제자, 부모와 자식, 이러한 것은 만남 자체에다가 자중한 의미가 또 부여된다. 그래서 복연선경(福緣善慶)이라 했다. 만남은 순전히 인연이며 유인능력 때문이고 해어짐은 증오이며 신심이 산조(散調)되기 때문이다.

돌과의 만남, 난과의 만남이 좋아서 신랑 각시 초야의 화촉동방을 문구멍으로 훔쳐보듯 짜릿하게 흘겨본다. 난 꽃을 물들이는 달빛을 받아 하얗고 토실토실한 다리에는 영롱한 눈물이 맺었으며 석란도 돋쳐있는 잎사귀에는 희기(喜氣)가 묻어 있다.

돌 자체가 신(神)의 조탁이다. 천(天)의 공법이다. 그래서 많은 감흥을 주며 교훈도 준다. 지적의 경지에 도달한 수록 말이 간단해진다. 이 경지마저 뛰어넘으면 돌과 같이 언어도단(言語道斷)이 된다. 여기에서 철학이 나오고 이야기 속에 무량한 이치가 있다. 때문에 정묵한 돌 위에서 향기로운 난이 붙어서 빛나고 또 그 난 속에는 무량한 진리가 있다. 이렇게 창궐(昌闕)하는 진리를 만나기 위해 사유(思惟)의 세계로 침하시키는 석부작을 가까이 해본다.

본시 전설이란 믿기 어려운 데가 많다. 삼자의 눈과 입, 귀로 전해지는 과정에서 다양한 사람의 입을 거치므로 원형이 변형되기도 하고 제멋대로 과장되기도 한다. 이야기의 극적인 효과를 위해서 신비롭게 조작되는 것은 두말할 필요가 없다. 주주의 영장인 자연은 거짓을 하지 않는다는 사실이다. 예로부터 선조님들의 지혜로움을 엿보면 대부분 자리를 풍수지리 학적인 좌청룡 우백호, 혈을 따지고 수맥을 피하며 명당이라는 곳을 터전으로 잡고 정착하게 되며 마지막 가는 길까지도 중요시하며 그 끝은 오늘날에도 부정하지 않는다. 이런 모두가 민중들의 공동작품이 아닌가 생각한다. 이 사람이 한마디 저 사람이 한마디 첨가하는 동안 공중(空中)의 역사가 되어버리는 것이다.

집안의 작은 우주공간을 자연의 미학적인 석부작과 텃밭을 연출하여 보고, 듣고, 만지고, 먹으며 느끼는 오감체험을 맛보는 민속식물은 온 가족이 자연과 하나 되어 더불어 사는 공존의 법칙까지 배워 나간다면 우리의 자원은 무한대의 경쟁력이 될 것으로 본다.

베란다 조경법

우리나라 사람들은 어느 나라 사람들보다 꽃과 노래를 좋아하며 정이 가장 많은 나라로 알려져 있다. 이는 무엇을 의미하는가. 모름지기 정서적인 아름다움이 내면에 담겨 있으며 사랑으로 사물을 보고 정이 많아서가 아닌가 생각한다. 보통 사람들은 봄이 오고 꽃을 보면 움츠렸던 겨울의 긴장에서 벗어나 활기찬 움직임을 가지게 된다. 집안의 환경을 바꾸며 먼저 꽃을 키우고 싶은 충동을 느끼게 되지만 정작 식물을 잘 키울 수 있는 지식은 없다. 본인의 집안 환경은 고려하지 아니하고 시각적 화려함에 보기 좋으면 된다는 생각만으로 만만하게 생각하고 사들인다. 이유는 간단하다. 다른 사람들도 다 키우는데 나라고 못 키울까 하는 안일한 생각 때문이다. 집안의 환경에서 살 수 없는 식물임에도 많은 돈을 주고 거리낌 없이 사들이는 분들을 자주 보게 된다.

베란다 조경

자연은 인간에게 절대 거짓이 없으며 배반을 하지 않는다. 우리가 자연을 이해하려는 마음을 가졌을 때 자연은 우리에게 한 발

베란다 조경

더 다가올 것이다. 집에 식물이 잘 안 된다는 많은 분의 집을 방문하여 식물 화분이 놓여 있는 곳을 보면 거실을 비롯하여 안방이며 화장실 TV 옆에까지 식물이 놓여 있는 것을 본다. 그런 집을 대상으로 설문조사를 해보면, 한 번 사다 죽이고 두 번 사다 죽이고 세 번 사다 죽이면 그때는 본인 스스로 재판관이 되어 재판한다. 재판 내용은 이렇다. 우리 집은 식물이 안 되는 집, 나는 식물을 못 키우는 사람이라 판결문까지 내려버린다. 그리고는 빈 분과 고사한 화초분들이 베란다 한구석에 자리를 잡고 천대를 받는 것이 현실이다.

   자연의 섭리를 생각하고 식물을 키우는 것이 가장 바람직하며 고마운 자연에 대한 예우가 아닌가 생각한다. 자연을 배신하는 법정과 재판관이 안 되길 바란다. 가정에서 식물을 키우는 것은 어차피 기를 받고자 하는 것이 아니던가. 집안에서 키우던 식물이 죽기 시작하면 그 순간부터 스트레스를 받으며 기를 빼앗기는 행위가 될 수 있다고 할 수 있으며 집안의 분위기까지 어수선하다. 그렇기에 보다 근실하고 튼튼한 식물을 키우며 싱그러움과 힘이 넘쳐 보이는 활력소가 삭막한 도심 속 가정 집안까지 웃음과 행복을 주는 것이 자연이다. 자연과 공생하는 우리의 모습에서 진정 자연 없이는 살 수 없음을 깨우칠 것이다. 이 책을 통하여 야생초 애호가님께서는 식물을 선정할 때부터 집안의 환경과 궁합이 맞는 것으로 선정하여 키워보면 그 식물은 반드시 보답으로 튼실하고 예쁜 모습으로 살아주며 주인님의 마음과 정성에 보답할 것이다.

본래 식물이란 산이나 들에서 누구의 구속도 당하여서는 안 되는 주어진 삶에 충실하며 여름과 겨울나기의 자생능력이 있으며 풍부한 계절감을 뚜렷하게 보여 주지만, 인간의 손에 길드는 식물은 환경부터가 다르므로 많은 관심이 뒤따라야 한다.

자연은 우리가 신경을 쓰는 만큼 반드시 우리 인간에게 보답한다. 작지만 집안에서 키우는 야생초를 소중하고 귀하게 여길 때 나도 모르는 사이 맑고 깨끗한 아름다운 자연 속에 함께하는 공생관계의 법칙을 알게 될 것이며 자원의 소중함도 깨우치게 될 것이다.

식물을 키우는 데 있어 배려심이 필요하다. 집안의 환경을 조금만 신경을 쓰면 식물 키우는 데 별 무리가 없을 것이다. 좋은 환경을 만들어주는 것은 별 어려움이 없으므로 식물을 좋아하는 것 이상 식물이 살 수 있는 환경을 만들어주는 것에 신경 쓰는 것이 필수이다. 집안이 식물을 죽이는 법정이 아니고 본인이 기물을 죽이는 재판관이 되지 않으려면 위에서 말한 대로 식물의 처지에서 생각하며 배려하는 마음으로 식물과 교감하며 취미생활을 할 때 자연은 절대 배반하지 않는다.

베란다 텃밭

눈알이 빙빙 도는 도심은 삭막한 시멘트 구조물이 점령하여 포화상태이다. 숨이 막힐 정도로 답답한 빌딩 속에 사람의 정서까지 메말라가는 현실이 안타까울 뿐이다. 문명은 발달하여 넘쳐나는 삶의 부산물이 결국 인간을 병들게 할 것이며 지구를 재앙의 늪에 빠트릴 것이 자명하다. 편하고 좋은 세상이라고 합리화하려는 인간의 얄팍한 술수에 반성의 여지는 없을까? 늦은 감이 있으나 세계적으로 지구의 온난화, 오염도를 심각하게 생각하며 연구와 대책마련에 고심하고 있다. 급속도로 변해가는 문명은 사람이 살아가는 방법까지 바꾸어 놓는다. 머리와 손가락만 쓰면 되는 기이한 현실이 인간의 몸과 마음을 병들게 하는 근원이 되는 것이다. 힘들게 공부를 하여 취직이라고 하고 나면 맨 먼저 주어지는 것이 네모난 상자(모니터) 앞에 손가락만 움직이면 되는 자판, 온종일 조그만 의자 위에 앉아 머리를 쥐어짜내며 손가락이 마비될 정도로 씨름하다 퇴근길에 자리에서 일어나면 허리가 굽어 펴지지 않을 정도로 정지된 일을 계속 반복한다.

그리 오래되지 않은 60년대를 회상해보자.
새마을 사업으로 새벽종을 깨우며 억척스럽게 부지런하고 근면 성실했던 참으로 사람 사는 냄새가 나는 시절이다. 그러나 그 시절은 먼 옛날이야기가 되었다. 그리 긴 세월이 아니지만, 내면을 들여다보면 살

반려식물 실내 텃밭 홍보전시용

 아가는 방식이 사뭇 옛날과는 많이 달라졌다. 옛날에는 이웃 간에 정이 넘쳐나고 기쁨과 슬픔을 함께 나누는 관계 유지가 두터웠는가 하면 콩 한 쪽도 나누어 먹는 아름다운 사고방식을 가지고 살았다.

 그러나 지금의 현실은 너무나도 많이 달라졌다는 것이다. 성냥갑 같은 아파트가 급속도로 점령하며 이웃 간에 나누는 정은 고사하고 이웃에 누가 사는지조차 모르는 경우가 허다하다. 그러므로 위층이나 옆집에서 사람이 죽어도 모르며, 혹여 죽었다 하더라도 집에서 장례를 치를 수가 없다는 사실이다. 유족의 슬픔으로 밤에 곡하는 소리조차 소음공해라 신고를 하는가 하면 진정을 하는 메마른 정서가 이 시대의 현실임에 안타까움을 금할 길이 없다. 그러다 보니 공동체라는 테두리가 점점 무너지며 심각한 핵가족 시대에 도달하고 집안의 왕자님, 공주님으로 경쟁이나 나눔이라는 것은 아예 배제되어 부족한 것 없이 자라는 아이들의 정서가 메말라가는 미래는 누가 책임을 질 것인가.

가정이나 학교에서 1등만 하라는 교육관 또한 심각하게 대두하는 현실이다. 꼴찌를 해봐야 꼴찌의 아픔을 알 것이며 이해하고 보듬어주는 사랑이 움터 배려하고 함께하는 공동체의 구성원으로 사람 관계를 중요시하는, 누구나 살맛나는 세상이 될 것이다. 정은 메말라가고 혼탁해져 가는 시대, 혼자면 된다는 생각이 각인되며 성장하는 아이들 눈에 비치는 것은 어른들이 뿌려놓은 아주 잘못된 오만과 아집, 시기와 질투, 독선뿐이다. 그로 말미암아 범죄는 자꾸 흉흉해지고 인심은 사나워져 사람이 사는 데는 더욱 피곤한 삶의 연속이다. 물질문명의 넘쳐나는 생활 도구는 사람이 살아가는 데 있어 더없이 안락할 수 있겠지만 병들어가는 지구는 후손들에게 있어 어떤 영향을 미칠지 가히 짐작이 간다.

이쯤 되면 우리가 살아가는 주변의 환경을 생각해 볼 필요가 있지 않은가?

스위스를 비롯하여 많은 나라가 아파트를 부수고 전원주택으로 전환하며 자연을 특별히 신경 쓰는 국가정책으로 자리 잡아 간다고 한다. 이는 자연의 소중함을 가장 중요시하기 때문일 것이다.

우리나라도 선진국 대열에 들어섰다고 하면서 정작 자연을 중요시하는 것은 너무도 뒤떨어져 있다. 삭막한 도심 속 아파트에 살면서 자연을 접하는 기회는 점점 줄어진다. 그러므로 베란다에 보고, 듣고, 만지고, 먹으며 느끼는 기능성 텃밭을 만들어 초자연을 느끼며 우리 몸에 가장 좋은 민속식물을 재배하여 온 가족이 크는 과정을 체험하고 식탁에 신선한 채소로 먹는다면 건강에도 좋을 것이며 건조한 집안에 산소공급은 물론이고 가습효과 역시 자동으로 해결될 것이며 정서적으로도 매우 좋을 것이다.

베란다를 기능성 텃밭으로 꾸미는 과정에서 동양적이며 한국적인 어머니 품속 같은 아늑한 고향의 정취가 풍기도록 자연석과 민속식물을 조화롭게 배식하며 산수경을 연출하고 심신 산골 깊은 계곡을 만들어 물이 흐르는 폭포와 작은 호수를 만들어 사계절을 표현할 수 있는 삼재미를 연출해 집안의 환경을 새롭게 하는 것은 큰 행복감을 느끼게 할 것이다. 집안에 개성 있는 수석을 마주 보게 연출해 놓으면 화학섬유에서 나오는 유해파를 차단하는 능력이 있다는 보고서를 피력하고자 한다. 수석 애호가들의 사이에서 말하는 개성미란 생명이 없는듯하나 살아 있는 존재로 영기를 품은 무한한 미를 발산하는 것을 말한다. 자연의 위대한 힘은 말하지 않아도 잘 알 것으로 본다.

텃밭을 가꾸는 사람을 대상으로 연구해본 결과 치매와 우울증을 앓는 사람이 현저하게 적은 것으로 조사된 바 있다. 치매를 예방하고 우울증을 예방하는 치유 효과가 매우 좋으나 그 소재가 화려하지 않다는 이유 하나만으로 천대하며 거들떠보지도 않던 민속식물이 몸에 좋은 약효가 있다는 사실은 다 알고 있음에도 관심조차 갖지 않았다. 늦은 감이 있으나 다행인 것은 정부나 각 기관에서 우리 민속식물의 우수성을 널리 홍보하고 보급하는 일에 많은 관심을 가졌다는 사실이다.

집안에서 텃밭 가꾸기를 때문에 자연스럽게 민속식물의 종류를 알게 되며 번식하는 방법을 배우고 토양에 관한 관심은 물론 민속식물의 습성이나 개화기에 대해서도 지식을 쌓아 나간다. 집안의 환경과 가족의 건강에도 자연스럽게 공부하며 자연의 소중함을 깨우치는 인지능력을 키워나간다. 그러다 보면 도시 기능성 텃밭에 구체적인 계획을 세워가며 우리의 역사와 함께 해온 민속식물을 보고, 듣고, 만지고, 먹으며 느끼는 체험의 장으로 텃밭 관리사 교육에도 포함된 프로그램에 관심을 끌게 될 것이며, 새로운 지식의 습득으로 취업이나 창업에도 도전하여 고소득을 올릴 수가 있을 것이며, 집안에는 신선한 흙냄새를 맡을 수가 있으며 건조한 집안에 가습효과는 자연의 숲에서 불어오는 산소 같은 착각에 빠질 것이다. 삭막한 도시의 무료함에서 오는 우울증이나 치매 예방에도 큰 효과가 있을 것이다. 또한, 자연환경이 잘된 도시일수록 범죄가 현저히 줄어든다는 보고서가 있다.

사람은 늘 도전하며 살기를 원한다. 그러기에 다른 문화를 접하거나 새로운 지식을 습득하였을 때는 누군가와 교류하기를 본능적으로 원하는 것이다. 내가 알고 있는 지식을 공유할 상대가 없다면 그보다 슬픈 일은 없을 것이다. 집안의 작은 텃밭이지만 그 속에서 배움이란 어휘력과 의사소통을 향상해주며 배려하는 마음과 인내력도 배울 것이다. 민속식물 텃밭 가꾸기 활동은 상징성과 관련된 의사 교류의 증가가 가능하며 민속식물은 보편적 화제의 대상으로 정신 강화 치료의 효과가 있다. 뿐만 아니라 사물을 바라보는 눈과 마음에 따뜻한 기류가 흐를 것이고 시 공간을 초월한 의사소통이 이루어질 것이며 대화의 대상이 자연이라는 점에서도 더욱 친근감이 들 것이다.

인간이 추구하는 것은 자연이다. 결국, 자연은 의도하지 않은 집중력을 유발하며 관찰력까지 파장이 일어 민속식물과 사람은 떼려야 뗄 수 없는 관계라는 것을 터득하게 될 것이다. 그밖에 다른 생명체들과도 성립된 관계 평가능력을 고조시켜 냉철한 판단력을 가지게 하는 원초적인 자연의 힘을 습득하게 될 것이다.

또한 민속식물 텃밭 가꾸기를 통해 다양한 현상과 사용되는 소재들은 질문거리를 유발하고 식물 생장 주기에 인간 생명주기를 감정 이입 때문에 미래에 대한 기대와 희망을 품게 할 것이며 삶에 대한 동기부여 정열에 증진, 창조, 창의성 효과를 볼 수 있다.

사람이 살아가면서 감각 능력과 대처 능력이 없다면 그 진로는 참으로 피곤할 것이며, 특히 민속식물 텃밭 가꾸기를 체험하는 과정에서 독특한 특징이라 할 수 있는 보고, 듣고, 만지고, 먹으며 느끼는 오감체험은 대자연에서나마 가능한 것이다. 그러기에 우리 민속식물은 참으로 신비롭다 하지 않을 수가 없다. 가히 인간에 있어 자연은 무언의 스승임을 깨닫게 될 것이다.

집안에서 작은 텃밭으로 건강을 챙기며 오감 체험으로 즐기는 방법은 분경이라 할 수 있다. 단조롭고 화려하지는 않지만 무엇보다 집안의 환경을 개선하는 데는 좋은 식물이다. 널찍한 분에다 미나리와 돌단풍 돌나물을 심어 야채 나물을 먹으며 취미생활로 하는 분경 텃밭은 관

반려식물 분경 텃밭

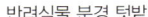

리하기도 좋다. 소가족시대에 적합한 방법이며 환경에 따라 경우에 따라 야채와 식물을 교체하여 키우기도 좋은 장점이 있다.

　보는 바와 같이 돌단풍은 뒤쪽을 자리하여 배식하고 미나리를 앞쪽에 심어 수시로 잘라서 야채나 나물로 먹을 수 있는 장점이 있어 좋다. 한 쪽으로는 돌나물을 심어 샐러드 등으로 먹을 수도 있으며 관상 가치 또한 좋다. 배경으로는 시골의 풍경을 연상하기 위해 시골 풍경의 모형 초가집을 자리 잡아 놓고 텃밭 같은 연출을 하는 것도 바람직하다. 토양으로는 마사토를 사용하였으며 거름으로는 부엽토를 사용하여 식물 성장에 좋으며 건강에도 기여 하는 거름과 토양이다. 돌단풍도 잎과 꽃을 나물로 먹을 수가 있으며 또한 관상식물로 키우는 것도 좋은 식물이다.

바위틈에 꽃필 때

꾸리 하나를 풀어내려도
닿지 않을 만큼 아득한 절벽 아래
안개 사이로 흐르는 강물은
수많은 시정을 만들며
굽이굽이 흐르네

천 길이나 될 듯한 절벽 위에
피어 있는 꽃은
차가운 이슬에 목욕하고
곱디곱게 화장한 모습으로
어인 임 기다릴꼬

살을 에는 추위도
이글거리는 땡볕도 무상한 바위틈
무섭지도 외롭지도 않은가
화려하지 않은 들꽃이라지만
바위틈에 꽃필 때 아름다우리라

PART
2

분경

우리 민속식물의 소중함을 분명하게 알고 외래종과 비교를 하며 키우고 즐기며 관찰하다 보면 우리 식물이 얼마나 소중한 자원인지, 그리고 우리 삶에 얼마나 유익한지 깨닫게 될 것이다.

민속식물의 소중함

우리가 살아가는 주변의 산이나 들에 수많은 민속식물이 살고 있다. 그러나 우리의 무관심 속에 우리 민속식물은 홀대를 받으며 나와는 무관한 식물로 머릿속에서 지워져가고, 생소하고 낯선 식물로 전락하여 멸종되어가는 실정이다. 취미생활을 하는 많은 사람들이 화려한 원예용에만 눈길을 주어 정작 우리 민속식물은 10여 가지의 이름조차 아는 사람이 극소수에 불과하다. 우리 식물이 사라지면 우리에게 미치는 영향은 상상을 초월할 것이다.

문 밖에만 나가도 지천으로 깔린 민속식물. 우리 몸에 이롭지 않은 식물이 없음에도 집안에서 분에 심어 관상하는 식물은 대다수가 외래종이다. 무턱대고 외래종을 멀리하라는 것은 아니지만 우리가 우리 민속식물의 소중함을 분명하게 알고 외래종과 비교를 하며 키우고 즐기며 관찰하다 보면 우리 식물이 얼마나 소중한 자원인지, 그리고 우리 삶에 얼마나 유익한지 깨닫게 될 것이다.

민속식물은 모두가 식용이요 약제이며 관상용이다. 화려함이 떨어진다는 이유 하나만으로 관심 속에 멀어져 잡초처럼 취급당하고 있으나 사실은 어느 나라 식물보다 이롭고 고마운 식물이다.

요즘에는 들이나 산에서 보아왔던 민속식물을 농가

민속식물을 작품으로 연계시켜 감상하는 방법들을 연구하고 개발하여 우리 민속식물의 소중함을 알아가는 사람들이 점차 늘어가고 있다.

에서 대부분 재배하며 원예용으로 판매하는 곳이 많아 손쉽게 살 수 있으며 접할 수 있다. 때문에 저렴한 비용으로 손쉬운 취미생활을 할 수 있는 장점이 있다. 외래종에 비해 화려하진 않더라도 은은함과 향이 좋으며 보면 볼수록 정감이 가는 끈질긴 생명력까지 가진 아름다운 우리 민속식물. 정부나 학교, 단체 기관에서 많은 연구와 홍보가 있어야 하며 우리가 더욱더 신경 쓰고 관심을 가져야 할 것이다.

자연과 더불어 살아야 하는 우리가 자연을 파괴하는 것은 우리 몸에 병들게 하고 생명을 단축하는 행위가 아닌가. 우리가 살아가는 데 있어 자연 없이는 단 한시도 살 수가 없는데도 각박한 도시화 속에서 잊고 사는 현실이라 안타까움을 금할 길 없다. 하지만 지금까지 무심코 지나치던 민속식물을 작품으로 연계시켜 감상하는 방법들을 연구하고 개발하여 우리 민속식물의 소중함을 알아가는 사람들이 점차 늘어가고 있다. 참으로 반가운 일이 아닐 수 없다.

앞으로, 민속식물을 이용하여 분경 연출, 석부작, 목부작, 분화, 작품 등을 연출하는 방법에서 관리하는 방법까지 연구하며 즐기는 방법을 체계적으로 알아보자.

우리 민속식물의 소중함을 알아가는 사람들이 점차 늘어가고 있다.

꽃무릇(석산)

민속식물을 이용한 분경의 기본

민속식물을 활용한 분경을 만들고자 하는 사람은 분경의 기본을 잘 알아야 거대한 자연을 축경(縮景)으로 연출할 수 있을 것이며, 오랜 세월 소장하고 자연의 오묘함에 흠모하게 될 것이다.

분경이란?

주어진 분 안에 자신이 추구하는 대자연의 산과 들 계곡과 폭포 등을 축소해 작은 작품으로 연출하여 집안이나 사무실에서 즐길 수 있는 것을 말한다.

분경의 소재로 쓰일 반려식물 선택에 있어서 주의할 점은 자생지 환경이 비슷한 곳에서 자라는 식물을 선택 구매하여 모아 심는 것이 재배 관리하기에 편리하다. 식물이 자라며 키가 커지는 정도에 따라 주종 관계가 조화될 수 있도록 분의 정점 부위에 생육이 강한 식물을 배치하는 것이 자연스럽다. 식물 선택은 공생관계가 성립되는 식물들을 배식하면 좋을 듯하다. 소재는 자신의 취향에 맞는 품종을 선택하되 반드시 본인의 집안이나 취미 공간의 환경에 적합한지 분석해 선택 구매하여야 한다.

분경은 얕고 넓은 분 안에 아름다운 자연을 구사하여 산수 경이나 계곡, 폭포, 호수, 평야 등 자신이 연출하고자 하는 경관을 축소하여 연출하면 되는데, 그 작품은 자연미가 있어야 하며 사계절의 풍취를 느끼게 하는 작품을 말한다. 연출자는 감성미를 살려 안정감과 자연미가 있는 돌, 나무, 민속식물, 식재, 이끼, 등을 소재로 하여 분 안에서 연출자의 의도에 따라 축소된 경치가 원하는 대로 드러나게 하면 된다.

이러한 분경의 조화는 전체적인 구도가 맞아야 하며 안정감이 있어야 하되 돌과 식물의 소재는 통일성이 있어야 한다. 지루함을 덜어주고자 사계절을 나타내며 원근감과 기폭의 조화를 잘 구사하여 축소된 자연을 분 안에 옮겨 놓은 듯 보이는 것이 가장 좋은 분경이라 할 수

분경

있다.

  초심자들이 분경 연출을 할 때는 너무 크거나 난이도 있는 작품보다는 적당한 크기의 수반에 키우기 쉬운 야생초를 선택하는 것이 바람직하다. 한 번에 끝을 내려 하는 것보다 소재의 독립된 작품으로 구도를 잡아가며 단계별로 연출하는 방법이 좋다. 구도 잡기가 어려울 때는 부분적으로 미약한 곳에 다양한 소재를 첨가, 응용, 보완하여 원하는 자연 분위기를 연출하는 것이 좋다. 더 나아가서는 전문가에게 다양한 기술을 전수받아 식재와 구도에서 관리까지 하는 방법을 배워 작품성을 높이기를 바란다.

참고로, 좋은 분경 작품을 연출하려면 자연석과 식물 소재들이 잘 어울릴 수 있는 종류를 선택하여 원근감과 조형미의 구도를 잘 설계한 다음, 안정감이 있고 편안한 위치에 배식하는 것이 가장 좋은 방법이며 기술이다.

분경 소재를 구매 선택할 때 고려해야 할 점은 개화기의 시기, 사계절을 표현할 수 있는 꽃의 크기와 색상에 따른 배열, 자생지의 식물 습성과의 공생관계 등에 대하여 사전지식이 필요하다는 점이다.

우리가 하는 분경 작품은 종합예술이라 할 수 있다. 예술이란 정확한 구도에서 나오는 것이며, 생명을 다루는 행위 예술은 그 이상의 고차원적인 예술이라 할 수 있다. 그리하여 분경 연출은 너무 인위적이기보다는 자연의 아름다운 한 부분을 축경 연출하되 보는 이가 누구든 간에 아름다운 자연미를 공감하며 즐길 수 있어야 한다. 그러므로 분경의 격조 높은 연출법은 자연미를 강조하는 것이 바람직하다.

분경석부작(왼쪽), 사철란(오른쪽)

관상 가치를 가진 민속식물

　반려식물로 집안에 들일 수 있는 야생초는 인간이 살아가는 주변의 산간 숲속이나 들에 사는 식물로 꽃보다는 잎과 줄기 관상 가치가 높으며 야성미가 있어야 한다. 정감이 가며 계절감이 물씬 풍기는 싱그러움과 소박한 자태를 품고 있어야 좋으며 상록성 식물을 선택한다.

　야생초는 분재라고 할 수는 없으며 일반 목본류 분재의 범주에 속하나 크게 분류하면 수목 분재와 속에 야생초 분화로 나눌 수 있고, 또한 꽃의 관상 가치가 높은 야생화 분화로 세분된다. 야생초의 특성은 번식력이 좋으며 강한 장점이 있어 집안에서도 취미생활로 키우며 감상하기가 좋은 식물이 인기가 좋으며 작품으로 연출하기 좋은 장점이 있다.

　우리나라는 한반도이기 때문에 약 2천여 종이 넘는 야생초들이 자생하고 있다. 이렇게 많은 야생초가 모두 약효가 있으므로 약제나 식용으로 쓰이지만 모두 관상용 원예 가치가 있는 것은 아니다. 많은 식물 중에 약용이나 식용으로 쓰일 야생초와 원예 가치가 있는 야생초를 분리하여 관상 가치가 높다 판단되는 식물은 아름다운 작품으로 연계시켜 자신의 취향에 따라 분경 석부작으로 즐기면 되는 것이다.

　우수성이 있는 야생초는 둔탁함과 빈약하지 않은 식물로서 운치를 느낄 수 있어야 하기 때문에 그 전체적인 외모와 꽃의 모양이 좋아야 작품으로 만들어질 때 난이도나 소장자의 취향에 알맞게 연출하기 좋으며 자연미와 정감이 가도록 하는 것이 바람직하다. 또한, 분 안에다 가꾸어야 하기 때문에 식물의 크기를 고려해야 하며, 야생초와 화분

도편경작품

의 크기가 맞는가에 대해서도 세밀히 검토되어야 할 필요가 있다. 그뿐만 아니라 고산지대의 야생초 가운데에는 본래 자생지의 환경과 판이한 다른 인위적인 환경에서 가꾸어야 하기 때문에 정상적으로 생육하지 못하고 고사하든가 심한 몸살을 앓는 경우가 많다.

이렇게 보면 모든 야생초를 손쉽게 가꾸며 즐길 만하다고는 할 수 없으며, 이용 목적에 따라 맞을 수 있는 요건이 갖춰진 식물은 재배의 대상이 될 수 있다. 물론, 이 조건이라는 것도 절대적인 것은 아니며 특수한 경우에는 그 이상의 어려운 식물도 원예화 시킬 수 있으나 대중화 시킬 수 있는지는 미지수라 말할 수 있으며 통상적으로 재배자의 취향에 따라 미적 감각과 선호도에 따라 달라지게 마련이다.

일반적으로 보편화되었으며 가꾸어볼 만한 야생초의 선택 조건은 다음과 같다.

(1) 구하기 쉬운 것
(2) 가꾸기 쉬운 것
(3) 될 수 있는 대로 몸체가 작은 것
(4) 잎, 줄기, 뿌리, 꽃, 열매 등이 감상 가치가 있는 것

민속식물 조경

(5) 키의 크기와 꽃과 열매가 조화롭게 이루어지는 것
(6) 계절적인 감각이 풍부하게 나타나는 것
(7) 고유의 향이나 이용 가치가 높은 것
(8) 세월을 느끼게 하며 오래된 것으로 보이는 것
(9) 상록으로 푸름과 힘이 있는 것

지금부터 몇 가지 식물을 예시로 들어 설명하겠다.

풍란

풍란은 우리나라 남부지방에서 자생하는 상록 자생 식물이다. 생육 환경은 주변 습도가 높고 햇볕이 잘 들거나 반 그늘인 곳의 바위 표면이나 나무 표피에 이끼가 많은 곳에서 자라는 습성이 있다. 키는 약 10cm 내외이고, 잎은 길이 5~10cm, 폭이 약 0.7cm로 가늘고 긴 모양을 하고 있으며 짧은 마디에서 두 줄로 어긋나게 달리며 활처럼 아래로 굽어 있다. 꽃은 순백색으로 잎겨드랑이에서 나온 꽃줄기는 길이가 약 3~10cm이고 끝에 3~5개의 꽃이 달린다.

꽃잎은, 3개는 위를 향해 올라가 있고 2개는 아래로 처져 있으며 새의 꼬리 같은 부분인 꿀샘은 길이 약 4cm로 길게 뒤로 휘어져 앞으로 향해 달린다. 열매는 10~11월경에 길이 약 3cm로 길게 달리고 안에는 먼지와 같은 작은 종자들이 많이 들어 있다. 우리나라에 멸종 위기 Ⅰ급 식물로 분류된 보호종이다. 반면 소장 가치가 높은 풍란은 조직배양란이 많이 생산되므로 누구나 손쉽게 키울 수 있다는 장점이 있다.

한적한 바닷가를 거닐다 보면 인상을 찌푸리게 하는 쓰레기들이 산더미처럼 쌓여 있는 것을 보게 된다. 그 중에 부표가 있다. 바다의 양식장에서 사용하는 부표들이다. 그런 부표를 주어 깨끗하게 손질하고 풍

풍란 초물경작

란을 착생하여 밀식한다. 부표의 아랫부분에는 돌단풍으로 착생하여 풍요로움을 더했다. 풍란은 무늬종으로 가격은 비싸지만 관상 가치는 더욱 좋다.

목부작에서도 그렇다. 고사한 나무를 사용하여 작품을 만들 수 있는데 특히 소나무가 고사한 뒤 겉 피부가 다 썩고 관솔만 남은 속대를 잘 다듬어 말린 다음 목부작 소재로 활용하면 좋다. 물론 푸른 나무도 가능한데 방부 처리를 잘해야 한다.

분경, 석부작, 목부작 등은 다 재활용이 가능하다는 장점이 있어 환경오염 방지용으로도 좋은 장점이 있다.

사철란

분화로 식물을 키우는 방법에서도 구도라는 것을 배제할 수는 없는 것이다. 식물과 화분의 색상과 크기가 조화롭지 않다면 보는 사람에게도 그리 대접받지는 못할 것이다. 하여 풀 한 포기를 심는다 하더라도 분의 크기와 식물은 조화롭게 맞아야 그 관상 가치가 높을 것이며 분이 너무 화려하여 식물이 부각되지 않아도 바람직하지 않다.

사철란을 분 안에 심어 분화를 즐기는 방법으로 좋은 예를 들어 심어보기로 하자. 우산 식물과 잘 어울리는 화분을 선택하여 배수 구멍에 토양이 빠져나기지 못하도록 망을 깔아준다. 그다음 굵은 마사토를 깔아 놓고 부엽질 토양을 깔아가며 사철란을 식제하는데 뿌리가 겹치지 않도록 잘 펴놓은 상태로 마감토를 덮어 부엽질 토양이 흘러내리지 않도록 하면 된다. 식물의 습성상 배수가 잘되어야 하며 습도가 유지되어 있어야 근실하게 클 것이며 꽃이 잘 필 것이다. 일조량은 반 그늘이면 좋으며 여름 직사광선은 피하는 것이 좋다. 거름 주기는 액상비료를

사철란 분화

주는 것이 좋으며 물 관리는, 화분 위의 흙이 바싹 말랐다 싶을 때 흠뻑 주는 것이 가장 좋은 방법이다.

백량금

백량금은 집안에서 반려식물로 키우기 좋은 식물이다. 화분에 심을 때는 굵은 모래를 깔고 위에 작은 모래를 덮어주면 되는데 부속품으로 인산가리와 숯가루를 사용하면 식물의 잎과 열매의 색상이 짙어 관상 가치가 크다. 백량금은 푸른 잎과 열매가 화려하여 누구나 좋아하는 식물이라 할 수 있다. 특히 키가 작아서 더욱 정감이 가며 누구나 다루기 좋은 식물이다. 제주도나 남해안의 섬에 자생하는 상록활엽수로 30~50cm 정도의 작은 목본이지만 그늘 속에서 자생하는 식물이다. 별모양의 흰 꽃이 늦은 봄에 피며 잎이 반질반질해 외래종으로 많이 알고 있으나 우리나라 토종이다. 열매는 꽃이 지고 나면 파란 열매가

백량금 분화

구슬처럼 빨갛게 익어간다. 빨갛게 익은 열매는 다음해 꽃이 필 때까지 달고 있어 관상 가치가 더욱 크다.

 백량금은 자생지에서는 약 6~8% 정도의 햇빛만 있어도 자생하는데 지장이 없기 때문에 가정집의 실내에서도 잘 사는 식물이다. 직사광선을 많이 보게 되면 잎이 시들어 말라 죽기 때문에 피하는 것이 바람직하다.

 백량금은 잘 자생할 수 있는 온도는 15℃~20℃내외의 서늘한 곳을 좋아하며 최저 3℃ 이상의 온도를 유지하는 것이 좋다.

 물 관리는, 줄 때 흠뻑 주며 분 위에 흙이 완전히 말랐을 때 다시 흠뻑 주는 방법을 병행한다.

분경 연출 기법

　분경은 식물들만으로도 연출할 수 있지만 돌, 이끼, 소품 분재, 야생초를 적절히 배식하면 더욱 아름다운 분경을 연출할 수 있다. 그리고 분경 소재는 분 안에서 1년 이상 적응된 소재를 선택 구매하는 것이 바람직한 방법이다.

　분경 소재는 욕심을 부려서도 안 되며 아껴서도 안 된다. 초심자들을 보면 작품 연출할 때 욕심껏 심어 여백의 구도가 맞지 않아 답답하고 복잡해 보는 이의 시각적인 미가 떨어질 뿐 아니라 조잡함과 지루함을 느끼게 한다. 반면 식물을 아끼느라 꼭 심어야 할 데 안 심어 빈약하고 어설퍼 보임으로 허전함을 느끼게 한다.

　분경은 식물과 식물 간의 여백처리가 중요하며 전체적인 구도와 조형미를 염두에 두어 강약과 황금배열의 예술적인 감각을 살려 자연미가 실감나도록 심는 것이 좋다.

　보통은 많은 사람이 작품을 연출하며 빨리 끝내려 서두르는 것을 보게 되는데 이 점을 지적하고자 한다. 작품은 빨리 심는 것이 아니라 연출하는 것으로 철저한 구도와 배열을 생각하며 차분하게 완성도를 높여 나가야 장래가 기대되는 작품으로 탄생될 것이다. 자연스러운 분경 연출법은 비슷한 조건의 산지에서 나오는 소재들을 모아서 심되 묘의 크기가 같은 소재보다는 우량 묘와 중간 크기, 작은 묘를 1:2:3의 비율로 준비하여 음과 양이 어우러지는 입체감을 표현하는 것이 자연스럽다.

　또한 분경에 사용되는 식물의 뿌리는 정리하되 똑같이 정리하는 것보다 심는 위치에 따라 가감하는 것이 중요하다. 분경 중심부에 여러

초물 분경

분경

산호수 분경

포기를 함께 모아심기 하면 뿌리의 생육이 나빠져 지상부도 쇠퇴할 우려가 크다. 그러나 분의 가장자리에 심어진 식물은 산소와 수분 공급이 원활하여 생육 상태가 좋아지기 때문에 분경 연출 후 얼마의 시간이 지나면 전체의 균형미가 흐트러져 보이는 경우를 종종 볼 수 있다. 그 원인은 심을 때 뿌리의 크기나 절단 정도를 조절해주지 않았기 때문이다.

　분경의 배식 방법은 식물의 형태에 따라 그 정도가 다르지만 보통 기본 구도는 부등변 삼각형이 되도록 연출하는 것이 이상적인 방법이라 할 수 있다. 분경을 연출하면서 지켜야 할 사항은 보는 이가 누구든 편안함과 안정감이 있어야 잘 된 작품이라 할 수 있다. 그러므로 연출자는 연출에 앞서 구도가 가장 중요하다는 것을 잊어서는 안 되며, 작품의 구도는 어머니가 아기를 가슴 안에 안는 형상이며 나를 향해 다소곳이 인사하는 형상이 좋은 작품이라 할 수 있다.

타원형의 분이나 돌 위에 배식할 때 화분 길이의 3분의 1지점을 정점으로 하여 한쪽으로 자연스럽게 흐름이 있어 보이는 모양이 좋다. 전체적으로 볼 때 정면 중심부는 변화를 주며 많이 열고, 양쪽 가장자리는 약간 앞쪽으로 감싸는 듯한 모양이 되도록 연출하는 것이 자연스러움과 편안하고 아늑한 작품을 표현하는 연출 기법이 된다.

글로 전해주는 기술 전수는 한계가 있다. 하여 실기와 필기를 병행하여 배우는 방법이 있다. 사람은 누구나 취미생활을 하는데 자연을 주제로 삼는 취미생활은 아주 특별한 사람들의 취미라 말하고 싶다. 누가 무슨 작품을 만들든 간에 기본이 튼튼해졌을 때 영구적이며 인정받는 작품을 만들어내는 것이다.

글로 표현하는 것이라 조금은 지루하고 이해하기 어려울 수 있으나

초물 분경

열정을 가지고 시간을 투자하여 도전한다면 자연은 분명히 거짓이 없다는 것을 피부로 느낄 것이다. 누구든 많은 관심과 열정으로 기본에 충실하다 보면 길게는 베란다 조경 아니 실외 조경까지도 직접 할 수 있을 것으로 본다.

분경 연출 순서

민속식물이라 함은 우리와 같이 숨 쉬며 가장 한국적이고 정감이 가는 산야초다. 어느 것 하나 약효가 없는 것이 없으며 우리 민족의 무한대 자원이라 할 수 있는데도 대다수 식물이 외면당하며 관심 밖에서 급속도로 멸종이나 위기에 처해 있으며 잡초 취급을 받는 것이 현실이다. 야생초를 주제로 한 분경 작품을 연출하여 즐기며 소중한 자원의 가치를 알아보기로 하자. 다음과 같은 순서를 알아보면서 정확한 구상 능력과 절차에 따라 실행하는 것이 좋으며 그것이 바로 시행착오를 줄이는 방법이 될 것이다.

1 먼저 자신이 추구하는 스타일에 알맞은 작품을 구상한다. 무슨 작품이든 자연미가 우선시 되어야 하는데도 불구하고 자신의 기분에 도취되어 인위적이며 부담스러운 연출을 하지 않도록 주의한다.

2 분경은 구상 물에 중점을 두어야 하므로 분이 너무 야하거나 너무 커서 시선이 많이 빼앗기면 안 된다. 때문에 둔탁함이 없는 얕은 분에 트이지 않는 색감의 그릇을 선택하는 것이 바람직하며, 식물 선정은

반려식물 분경(왼쪽). 초물 분경(오른쪽)

자신이 관상하고자 하는 곳에 환경을 자세히 분석하여 그곳과 궁합이 잘 맞을 식물을 선정하는 것이 필수이다. 만약 그런 분석이 없이 자신이 좋아하는 식물 선택으로 만들어진 분경이라면 얼마 못 가 실패의 원인이 될 것이다.

3 작품구상과 식물, 돌과 부자재 준비가 끝났으면 가장 먼저 화분 배수구멍에 깔 망을 대고 철사로 고정한 다음 다시 고정 구멍에 식물 고정용 부재 철사를 양쪽으로 끼운다.

4 화분 안에 돌을 고정하는 방법과 굵은 모래를 깔고 그 위에 돌을 올려 연출하는 방법이 있는데 여기에서는 초보자를 위해 모래를 깔고 그 위에 돌과 식물을 연출하는 것으로 하여 보자. 우선 굵은 모래나 자연 토를 1~2cm 정도 배수층을 중심으로 하여 중앙에는 높게, 가장자리는 얕게 깐다. 다음 산맥의 흐름과 앞뒤의 높낮이를 잘 배열시켜

가며 안정감이 있는 위치에 주봉 돌을 정좌시켜 자연에서의 아름다운 경치를 분 안에서도 실물을 보는 듯한 착각에 빠지게 하는 것이 좋다.

5 이어서 식물을 배치하되 주의할 점을 알아보기로 하자.

식물 배열에 있어 원근감을 주기 위해 앞에 키가 큰 식물을 심고 뒤에 작은 식물을 심는가 하면 뒤에 큰 식물을 심고 앞에 작은 식물을 심는 방법이 있는데, 큰 식물을 앞에 심을 때는 많은 고민이 뒤따를 것이다. 이유는 조형미가 어려움으로 반드시 사선으로 식재하는 것이 바람직하다. 이때 사용될 식물은 분 안에서 1년 이상 배양된 식물을 선택하는 것이 좋으며 너무 고산이나 휘기식물 보다는 적응 능력이 좋으며 손쉽게 구매할 수 있고 상록 식물을 선택하는 것이 바람직하다. 또한, 공생관계와 생태적 습성과 개화 시기 등을 고려하여 안배하는 것이 관상 가치를 높이며 관리가 편리하다.

초물분경

6 다음은 식재를 사용하는 데 있어 인공 토양과 혼합용 식재보다는 굵은 천연토양이 좋으며 분 안에 너무 많이 넣지 않도록 주의한다. 끝마무리 작업으로 이끼와 모래 등을 사용하여 멋을 부려주면 되는데 너무 많은 이끼를 사용하는 것은 좋지 않으므로 적당하게 깔아주고 돌 밑 주변에는 비단 이끼를 사용하며 계곡을 형상화 시킨 분경이라면 고운 강모래를 사용하여 물이 흐르는 착각에 빠지도록 연출한다.

7 완성이 됐다 싶은 분경 작품을 위에서 내려 볼 때 돌이나 주 경은 약간 뒤쪽에 있고 앞쪽은 넓은 느낌이 들도록 배치가 되었는지 한 번 더 점검을 하는 것이 바람직하다. 이상이 없다 싶으면 잡물 제거와 부재 흙의 안정을 위하여 분 밑에서 맑은 물이 나올 때까지 물뿌리개로 야생화, 돌, 이끼 등에 충분한 물을 준다. 완성된 작품은 약 2주 정도 반 그늘에서 활착 시기를 거치며 면밀한 관찰이 뒤따라야 한다. 다음에는 점차 자연 상태로 재배 관리하는 것이 좋은 방법이다.

8 활착 후 생육이나 번식력이 지나치게 강하여 다른 야생초를 압도하지 못하도록 솎음질을 하여 생장을 조절해 주는 것이 좋다. 야생초 분경 작품은 보통 2~3년에 한 번씩 분갈이를 하는 것이 일반적이나 식재 쓰는 방법이나 환경에 따라서 4~5년에 분갈이 할 수 있는 작품도 있을 수 있다.

분경 연출 구도학

　분경 작품은 산천초목의 자연 경치를 주어진 분 속에 축소해 담아 옮겨 놓은 듯한 것으로, 자연의 아름다움을 실감나게 표현하여 집안으로 끌어들인 것이라 할 수 있다.

　분경을 하며 꼭 지켜야 할 사항은 다음과 같은 내용이다. 분경은 크기의 정도에 따라 연출하는 방법도 차이가 있으며 분과 식물의 구도가 잘 맞아야 보기 좋은 작품이라 할 수 있다. 외관으로 보이는 것도 중요하지만 식물이 반영구적으로 살 수 있도록 식재에 신경 쓰는 것이 좋으며, 배수와 통풍이 잘되도록 하는 것이 필수라 할 수 있다.

　물론 우거진 곳이 있으면 빈 곳이 있어야 하고, 가까운 곳과 먼 곳의 원근감이 있어야 하며, 높고 낮음의 배열이 있어야 되며 들어가고 튀어나온 기폭과 크고 작은 것에 대한 구도를 잘 구사하는 것이 분경 작품을 연출 하는 데 있어 중요한 기술이라 할 수 있다.

　자연석을 분경의 소재로 쓰고자 할 때는 차분하며 수려한 산수경이나 입석경으로 나눌 수 있으며, 아무리 좁은 공간이라 하더라도 어느 한 곳을 비워 두면, 그로 말미암아 광활한 느낌과 안정감을 느끼게 된다.

　같은 넓이의 길이나 계곡이라 해도 가까운 곳은 넓게, 먼 곳은 좁게 하고, 돌이나 야생초도 큰 것은 안쪽에 작은 것은 뒤쪽에 배치하는 방법이 원근감을 나타내는 기법이다.

　식물 크기의 강약은 적절히 조절하며 변화 있는 간격을 두고 짝을 지어주며 자연스럽게 높고 낮은 감을 나타낼 수 있도록 배열하여 완성도를 높여간다. 분경 분은 얇은 분을 선택하고 분 안에서는 물 빠지는 구멍이 클수록 좋으며 아래는 굵은 모래를 깔아주고 위는 포장 토를 깔아 잘 정리하면 된다.

작품이 완성되었으면 통풍이 잘되는 반그늘에 10~15일 정도 물주기를 신경 쓰며 관리하여 차츰 볕이 좋은 곳으로 옮겨가며 잘 착생한 다음에 자신이 즐기고자 하는 곳으로 옮겨 감상하고 자리를 즐기면 된다.

옥잠화 분경

석부작과 목부작 연출법

집안에서도 자연석에 민속식물을 붙여 자연 경관의 아름다운 일부분을 축소하여 관상 가치를 높이는 방법이 있으므로 관심을 가지고 돌의 특징과 구도잡는 방법은 물론 식물과 식재 선택하는 방법에서 붙이는 방법과 배치하는 요령까지 연구하며 알아보자.

1 자연석에 야생초를 붙여 추구하는 작품을 만들려면 무엇보다 큰 비중을 차지하는 자연석의 소재 준비하는 것에 가장 신경 써야 할 것이다. 자연석의 모암과 경이 좋아야 하며 색감, 질감은 물론 밑자리와 보습력이 좋은 돌을 선정하는 것이 기본이라 할 수 있다. 작품을 더욱

아름답게 보이게 하려면 좋은 소재 선택이 가장 큰 비중을 차지하기 때문에 식물 또한 선정하는 데 있어 면밀한 검토 후 근실하며 계절감이 뚜렷한 식물을 구입하는 것이 좋다.

2 인간의 욕망은 아마도 끝이 없을 것으로 본다. 그러기에 자연을 흠모하며 자연에 한 발 더 내딛으려 하는 욕심은 대자연을 축경에 담으려 하는 것이 아니겠는가. 돌 붙임의 기본은 돌의 장점을 최대한 살리고 야생초를 붙여 아름다움을 배로 증가시키려는 것이다. 돌의 구도는 앞뒷면을 잘 검토하여 기상과 선의 흐름이 자연스럽고 부드러워야 하며 부등변 삼각형에서 정점이 이루어져야만 구도에 어긋남이 없게 될 것이다.

야생초 작품

3 가공한 돌이나 인공 석을 사용하는 것은 자연미가 떨어져 실증을 느끼게 된다. 하여 자연석을 선정하는 것이 바람직하며 보통은 사람들이 식물을 심기 위해 깊이 팬 곳에 심는 경우가 많이 있는데 그것은 잘못된 방법이라 할 수 있다. 움푹움푹 팬 곳에 식물을 다 심어놓으면 멋진 돌의 경을 죽여 밋밋한 막 돌에 불과하기 때문에 될 수 있으면 팬 곳은 피하는 것이 좋으며 다른 부위에 식재하여 경을 살리는 것이 기

술이며 보이는 시각에도 변화무상하므로 감상가치가 높다 할 수 있다.

4 부득이 돌의 모양에 다소의 가공이 필요할 수도 있으며, 돌에 식물을 안착시키기 위해서는 철사를 고정할 필요가 있는데, 이때 철사를 고정할 때는 분재 철사를 어떤 요철 된 홈 부위에 넣고 돌가루를 뿌린 다음 강력 순간접착제를 투입하여 고정하면 간단하게 철사가 고정된다. 착생할 식물은 그 수종을 잘 선정 1년 이상 분 안에서 충실하게 배양된 묘를 선택하여 야생초 뿌리를 잘 손질하고 용 토를 바르며 위에서 철사를 고정한 곳에 심으며 식물이 움직이지 않게 고정한다.

5 보통 식재를 생명 토, 수태, 적 옥토, 녹소토, 부엽 등을 혼용하여 식재한다. 하지만 저자의 경험으로는 권장할 만한 식재는 아니다. 생명 토는 일본으로부터 수입에 의존하는 소재로 마치 석부작의 필수소재로 알고 있는 분들이 많다. 생명 토는 일본에서도 석부작이나 분경에는 거의 사용을 하지 않는다. 생명 토는 돌의 표면에 착생식물을 붙이기 전에 물에 묽게 타 바르는 정도로 쓰이며 일부의 담을 형성 하는 데 쓰이면 좋은 소재이다.

이번엔 토탄을 가지고 식재하여 보기로 하자. 우선 토탄에 약간의 숯가루와 골분(뼛가루)을 물에 잘 혼용하여 사용하면 되는 100% 섬유질의 소재로 석부작에 아주 적합한 소재이다. 석부작에서는 분갈이를 할 수 없기 때문에 반영구적인 식재를 선택하는 것이 필수이며 물이 잘 스며들게 처리되어야 하고, 배수와 통풍 또한 잘되어야 한다.

6 돌 뒷면의 야생초는 정면의 것보다 약간 작은 식물을 사용하되 식

물이 전체적으로 구도와 원근감이 생기도록 배식한다.

심은 용토와 표면은 자연스럽게 바위 위에 이끼와 같이 요철이 생기도록 변화 있게 구성하고 흙은 적게 붙인 것처럼 표현하는 것이 기술이다. 그리고 세력이 약한 나무는 사용하지 않는 것이 좋으며 동시에 철사거리 하는 것은 실패하기가 쉬우므로 피하는 것이 좋으며, 작업 중에는 햇빛 바람 등이 직접 닿지 않도록 하며, 작업이 오랜 시간을 요하는 경우에는 뿌리가 건조하지 않도록 주의한다.

7 단, 식물의 잎이나 몸이 계속 고습을 요하므로 자주 분무하여 건조되지 않도록 특별히 주의한다. 완성된 작품은 반 그늘에서 15일 정도 관리를 한 다음 서서히 일조량을 높여준다. 1개월이 지나면 뿌리가 내리므로 그 이후부터는 보통의 화분에 심어진 것보다 물을 자주 주는 것이 좋으며 공중 습도를 높게 유지하는 방법을 연구할 필요가 있다. 우리나라 민속식물을 취미생활하는 많은 사람이 있음에도 지식과 정보가 절대로 부족한 실정이다. 저자의 25년간 연구 자료와 경험담이 많은 도움이 될 것이다.

다양한 분경 연출법

초물 분경

광활한 자연 경관을 찾아 명산을 누비는 사람들과 마주하고 대화를 나누다 보면 곧 자신이 그곳에 가 있는 착각에 빠지곤 한다. 사람은 누구나 자연의 아름다운 경관을 보면 탄성을 자아내게 되는데 이유는 같을 것으로 본다. 만물의 영장인 자연 앞에 순응하고 경배하는 마음이 같아서 그럴 것이다. 자연의 오묘함과 신비감은 보면 볼수록 도취되는 것이다. 하여 방방곡곡 명산을 찾아 헤매는 것이며 축경으로 연출하여 집안에 놓고 늘 즐기고 싶은 욕망이 들 것이다.

분경이란 주어진 공간에 원하는 자연 경관을 연출하여 감상할 수 있는 것을 말하며 본인의 성향에 따라 다양하게 연출할 수 있는 장점이 있다. 석부작에서는 분갈이를 할 수 없으나 분경은 분갈이를 할 수 있기 때문에 연출 방법과 관리 요령을 조금만 배워도 손쉽게 할 수 있어 초심자들에게 인기가 있다.

분경은 보통 원산 경을 연출하며 돌과 다양한 식물을 심어 즐길 수가 있다. 자연석 중심부 기상을 중앙에서 오른쪽으로 약간 치우치게 하여 고정한 다음 식물 안배를 한다. 연출하는 과정에서 먼 거리와 가까운 거리를 표현하는 방법을 알아두는 것이 좋다. 우선 먼 거리를 표

우산나무 분경

현하려면 큰 나무를 앞쪽으로 심고 작은 것을 뒤쪽으로 심으면 된다. 반면에 가까운 거리를 표현하고자 할 때는 그 반대로 심으면 된다. 분경 연출에서 너무 욕심껏 심어 복잡하고 여백이 없이 조잡하게 하는 예가 있는데 이 점을 주의할 필요가 있다. 우리나라 야생화는 강인함과 번식력이 좋으므로 장래를 생각하며 연출하는 것이 가장 현명한 방법이다. 위 작품에서는 은방울꽃을 분경으로 연출하여 집안에서 반려식물로 즐길 수 있는 반 그늘 식물이다.

　분경의 주제는 여러 가지로 나눌 수 있으며 취미 삼아 하는 사람이 가장 손쉽게 접할 수 있는 분경은 원산 경으로 차분한 뒷동산을 생각하면 가장 만만할 것이다. 소재를 고를 때는 돌의 구도를 잘 잡아 변화가 좋은 돌이어야 하며 밑자리가 편안한 것으로 준비한다. 식물로는 상록성을 준비하고 작은 식물이며 튼실한 식물로 집안의 환경을 고려하여 적절한 식물을 준비한다. 부자재로는 굵은 모래와 토탄, 송이석을 준비하고 식물 전용접착제외 돌 붙임 전용 접착제를 준비한다. 다음은

반려식물 초물 분경

수반 위에 미리 준비한 돌을 안착하도록 돌가루와 접착제를 사용하여 단단하게 붙인다. 다 되었으면 식물을 착생하도록 포인트 잡아 하나하나 붙여 나간다. 이때 주의할 점은 접착제를 너무 많이 발라 군더더기가 지도록 하면 안 되며 너무 적게 발라 떨어지는 일 또한 없어야 할 것이다.

그 다음은 토탄을 붙여 놓은 식물의 뿌리에 바람이 들어가지 않도록 토탄을 적절하게 덮어준다. 이런 방법으로 구도를 잡아가며 차분하게 붙여 나간다. 다음은 토탄 위에 이끼를 붙여 오래된 작품으로 보이며 토탄이 흐르는 것을 방지한다. 수반의 바닥에는 굵은 모래를 깔아주고 송이석으로 덮어 아름다운 분경이 완성되도록 한다.

산수경 분경

산수경 작품을 연출하며 즐기는 방법을 알아보자.

우선 산수의 수려한 경치를 닮아 아름다운 대자연을 연상하게 하는 하나의 돌로서 산수경석은 분경에 이상적이며 석부작의 주종을 이룬다. 그리고 어떤 경석이든 나름대로 특성이 있으며 산수경작 일부를 표현할 수 있다. 따라서 하나로 된 바위 경이나 여러 개를 합쳐 만드는 작품이 있는데 연출하는 사람에 따라 표현과 시각적 차이가 있을 것이다. 우리가 연출하고자 하는 산수경 분경 작품은 어떤 형태로든 친근감과 자연미가 있어야 공감대를 가질 것이고 정감이 가는 산수경이라 할 수 있을 것이다.

산수경이란 수석으로 보아야 할 정도의 변화무상한 입체감과 안정감이 있는 자연석을 주재료로 한 작품으로 민속식물인 야생초류를 착생하여 분 안에 돌과 식물을 착생시키며 조화로운 연출을 하여 그 관

골고사리 분화

상 가치를 높인다.

　우리가 자연의 명산을 먼 곳에서 폭넓은 시야를 가지고 보기 때문에 모든 사물이 신비스럽고 경이롭게 보이겠지만 분경 안에서 자연 일부를 그대로 표현한다면 많은 부분이 부자연스럽고 어색한 곳이 많으므로 좋은 작품으로 기대하기는 어려울 것이다.

　이는 분 안에 축소 경을 한눈에 볼 수 있기 때문일 것이다. 따라서 분경에서는 자연에서의 있는 그대로가 아니라 부자연스러운 곳을 잘 정리 정돈하였다 생각하면 될 것이다. 즉 보기 싫은 곳은 없애고 보기 좋은 곳만 연출한다는 생각으로 연출할 때 가장 아름다운 작품을 연출하게 될 것이다.

　산수경석의 다양한 표현법은 끝이 없으므로 전문가의 지도를 충실하게 받아 그 기본을 본인의 양식으로 축적해 단계별로 연출 방법에

소라껍데기를 활용한 세잎꿩의비름 분화

충실하다면 자신도 모르는 사이 자신의 수준 높은 기술 향상과 작품 구상 능력이 생겨나 본인의 색깔이 생길 것으로 본다. 늘 기본을 참고로 삼아 균형미와 미적 흐름이 자연에 가까운 작품을 연출하는 기법이 필요할 것이다. 본격적인 연출법을 알아보기로 하자.

  산수경석의 기본은 적절한 크기의 수반을 구매하고, 분경에 가장 큰 비중을 차지하는 돌을 고를 때는 자연석으로서 색감이나 질감이 좋아야 하며 거북스럽거나 위화감을 주지 않는 돌로서 자연스러움과 돌의 특징을 고려하여 본인이 추구하는 형상의 돌인가 자세히 검토한다. 산형은 산을 닮고, 둥근 터널형은 둥글게 느껴져 터널의 형태가 보이는 것이 좋은 돌이라 할 수 있으며, 입석 경은 다소곳하게 인사하는 형상의 모습이면 좋을 것이다. 즉 자연의 실상과 연결하는 돌을 고르는 것이 바람직하다.

꽝꽝나무 분경

은방울꽃 돌분화

　식물을 고를 때는 잎이 작으며 키가 크지 않는 식물로 계절감이 풍부하고 근실해야 한다. 분 안에서 적어도 1년 이상 적응된 식물을 고르되 능선에서 사는 식물과 계곡에 사는 식물로 잘 선별하여 구매한다. 다음 부재료는 토탄과 굵은 모래 및 포장토 등과 식물 전용 접착제를 준비한다.

　다 준비가 되었으면 먼저 수반에 배수가 잘될 수 있는 구멍의 크기가 적절한지 확인한 다음 마사 거름망을 깔고 위에서 준비한 자연석의 돌을 수반 위에 앉히면 되는데 구도를 잘 잡아 정확한 자리에 고정한다. 고정할 때는 에폭시나 강력접착제를 사용하여 움직임이 없이 영구적으로 고정하는 것이 바람직하다. 고정되었으면 사전에 준비한 식물을 한 가지씩 착생시켜 나간다.

　우선 식물이 돌 위에 잘 밀착되도록 붙여야 식물이 고사되는 것을 방지할 수 있으므로 식물전용 접착제와 토탄 등을 사용하여 정교하고 차분하게 붙여 나가는 것이 바람직하다. 식물을 산 능선 높이와 계곡의 주변 식물들을 잘 선별하여 그 적절한 위치에 착생시키는 것은 자연에서의 높낮이가 있으며 그 위치에 자생하는 식물이 다름으로 그 위치의 안배를 맞추라는 이야기다. 즉 지피식물이 정상 부위에 심어진다든가 정상 부위 식물이 지피식물로 심어지는 작품은 꼴불견이 된다는 뜻이다. 하여 식물의 위치 선정이 그만큼 큰 비중을 차지한다고 말할 수 있다. 하나하나 붙여 나가다 보면 작품의 완성도에 따라 시각적 표현이 느껴지는데 연출자는 냉정한 판단으로 마지막 작업에 심혈을 기울여야 한다. 식물을 착생시켜 생동하는 힘을 직접 체험하며 신비로운 자연의 조화를 관찰하다 보면 함께 살아 숨 쉬는 공생의 원초적 본능을 느끼게 될 것이다.

작품을 연출할 때 꼭 알아두어야 할 기본적인 방법을 상기시켜본다. 멋진 돌일수록 식물을 착생시킬 곳을 선정하기가 매우 어려우므로 사전에 충분한 구상을 하고 나서 식물을 착생하는 것이 바람직하며 구도를 정확히 잡아야 거부감이 없을 것이다.

자칫 잘못하면 본인의 작품에 자신이 도취하여 허상에 빠질 수 있으므로, 그 또한 냉정한 판단력과 이성을 찾을 필요가 있다는 점을 다시 한번 강조한다. 산수경 작품이란 인간의 손으로 빚은 작품이지만 자연의 아름다운 예술 작품으로서 심신을 맑게 해줄 뿐만 아니라 인성교육에서 순화 법칙에 이르기까지 깨우침을 주는 자연의 원대한 힘을 산수경작 분경에서도 찾아볼 수 있다.

창포를 주제로 한 분경

창포 하면 단오 날 머리 감는 데 사용하는 식물로 사용했던 것으로 기억하는 분이 많을 것으로 본다. 하지만 창포도 여러 종류가 있다. 위의 작품에서 보는 창포는 애기창포라는 식물이다.

관상 가치가 좋으며 상록이고 향기가 일품이다. 우선 집안의 미세먼지를 없애주고 공기 정화 능력이 뛰어난 식물이다. 하여 집안에서 키울 수 있는 반려식물로 적격이다.

이 작품에 사용한 돌은 화산석으로 백두산 부석이라 칭하는 돌인데 물에 뜰 정도로 가벼운 돌이다.

미니창포 분경

이런 부석을 잘 다듬고 가공하여 수반에 안착한 다음 애기창포를 식재한 것이다. 수반 안에 물만 부어 놓으면 식물도 잘 살지만 집안의 습도 유지에도 좋다.

늘 싱그러운 생동감을 주며 산소공급 및 공기 정화에 좋은 창포를 활용하여 집안에서 키워보는 것도 정서적으로도 좋은 예가 될 것이다.

소라껍데기를 이용한 분경

바다 냄새가 물씬 나게 하는 소라껍데기를 이용하여 이색적인 분경 작품을 만들어보자. 보통은 사람들이 고정관념을 깨지 못하는 예가 많이 있으나 저자는 오늘 그 고정관념을 깬 기발한 발상을 소개하고자 한다.

소라 하면 생각나는 것이 내용물을 꺼내어 먹는다는 것과 귀에 대고 바닷소리를 듣는 정도다. 하지만 저자는 여러 개의 껍데기를 이어 붙여 다양한 연출법을 시도해 보았다. 내용물을 꺼내고 난 껍질을 잘 손질하여 내장이 상하는 일이 없도록 한다. 물에 며칠 담가 염분을 제거한 다음 볕에 잘 말린 후 못이나 송곳으로 아래 부위에 구멍을 내어

소라껍데기를 활용한 황금고사리 분경

배수될 수 있도록 하고 본인이 만들고자 하는 디자인을 생각하며 강력접착제와 돌가루를 사용하여 이어붙이기를 한다.

위에 있는 분화는 10개의 소라껍데기 꼬리 부위는 주둥이에 넣어가며 실리콘으로 이어 붙여 원으로 만든 다음 5단으로 쌓아 올린 것이다.

위 작품은 껍데기 꼬리 부위를 기점으로 하여 연결하며 이어 붙이고 위로 올리는 것은 세워서 이어붙이기를 반복한 것으로 그리 어렵지 않은 방법이며 시도하여 볼 만한 작업이다. 소라껍데기는 가리질 성분이기 때문에 식물이 성장하는 데 좋은 역할을 하며 본인의 구상에 따라 다양각색의 작품을 연출할 수 있기 때문에 창작력까지 풍부하게 하는 장점이 있다. 위 작품의 식물은 꿩의비름을 식재한 것이며 아래 작품은 황금고사리를 식재한 것이다.

흑산도 돌을 이용한 분경

흑산도 돌은 구하기가 어렵지만, 작품성은 보는 이의 마음을 사로잡을 만한 돌이라 할 수 있으며 남성적인 강인함이 돋보인다.

장점이 있으면 단점이 있듯이 작은 돌을 조합하여 여러 개를 이어붙여야 하는 번거로움이 있으나 이를 감수하고 작품 만들기에 도전한다면 그 기대는 상상에 맡기기로 하자. 우선 수준 높은 돌이라면 수반과 식물 또한 조화가 맞으면 좋을 듯하다. 아래 분경 작품은 동수반으로 제작하여 연출한 것이다.

돌을 이어 붙이기 할 때는 에폭시나 강력 접착제를 사용하여 붙이되 주의할 점은 구도 잡는 것이다. 아름다운 원산경의 주봉을 중앙부의 기점에서 왼쪽으로 비켜 세우고 이봉 삼봉을 만들어가며 높낮이와 원근

흑산도 돌 초물 분경

감을 잘 나타낼 수 있도록 하며 무엇보다 자연스러워야 한다는 점이다. 이때 섬 경으로 보는 돌도 마찬가지다. 사전에 정확한 구상을 하고 준비하는 것이 시행착오가 없을 것이며 시각적인 효과가 더욱 클 것이다. 다음은 앞쪽으로 작은 돌을 이어 붙여가며 평평한 야산의 흐름을 연출하는 데 계곡의 표현도 중요하다. 비록 물은 흐르지 않더라도 금방 흐를 것 같은 분위기를 만들어주는 것이 바람직하며 식물을 식재하는 데 있어 석부작은 분화와 달리 분갈이를 할 수 없다는 점을 꼭 기억하고 흙에 많은 신경을 쓰는 것이 좋다. 흙이란 사람에게 있어 음식이나 같기 때문에 반영구적인 식재를 사용하는 것이 옳은 방법이다.

식물을 선정 하는 데 있어서도 꼭 알아두어야 할 점이 있다. 앞에서도 말했듯이 분갈이를 할 수 없으므로 식물을 선택하는 과정에서 신중을 기하는 것이 좋으며 상록으로 택하되 웃자란 가지가 적은 것으로 선택하여 키가 작으며 집안의 환경에 맞는 식물을 고르는 법을 연구하고 공부하는 것이 작품을 만들어 즐기는 데 있어 실패하는 일이 적을 것이다.

벌집을 이용한 분경

벌집을 보게 되면 신비함 그 자체임에 입이 다물어지지 않는다. 이 벌집을 보고 자연 파괴니 하는 오해가 없길 바란다. 이 벌집은 어느 지인께서 시골의 빈집을 철거하며 천장 속에서 나온 빈 벌집인데 작품을 만들어보라며 가져다준 것이다. 하여 어떻게 하면 작품을 만들어 영구적으로 소장하며 관상할 것인가를 연구하며 고민하다 시도한 작품인데 앞으로 이런 소재가 생기면 더욱 완벽하게 보완해 부서지지 않도록 할 필요성을 느낀다.

　벌집은 물이 묻으면 형태가 파괴될 것이고 햇볕에는 부식될 것이다. 따라서 사전에 충분한 견고성을 고려하여 완벽하게 처리하는 것이 좋다. 저자의 반복되는 많은 경험과 연구 과정을 토대로 말한다면 벌집이나 썩기 쉬운 소재는 강력접착제를 투여한 다음 니스를 흠뻑 발라 말리는 작업을 여러 차례 하여 완벽히 건조한 다음 식물을 착생시키

벌집 초물경작

면 반영구적인 작품으로 감상하며 즐길 수 있을 것이다. 벌집이라는 점을 고려하여 흙이 없어도 자생할 수 있는 풍란과 넉줄고사리를 식재하여 자연미를 부각하였다.

백두산 부석을 이용한 분경

삶의 여유를 누리며 살고자 하는 것은 인간의 본능일 것이다. 오염된 도시화 속에서 피로에 지친 삶이 연속된다면 심신은 물론 육체적인 리듬이 깨져 의욕마저 실실하게 될 것이다. 사람은 적절한 휴식이 필요하며 자신의 심신을 달래줄 수 있는 여가 생활이 필요하다.

본인의 성향에 맞는 취미생활이 있을 것인데, 자연을 주제로 한 취미를 가진 사람은 복 받은 사람이라 말하고 싶다. 그중 대표적으로 야생화 석부작을 즐기는 사람은 자신을 다스리고 낮추는 참된 인성까지 배우게 될 것이다. 분경 석부작의 주 소재는 돌인데 그 돌은 자연석을 택하는 것이 바람직하다 하였으나 정도에 따라 별개인 경우도 있을 수 있다.

예를 들어 백두산 부석 같은 경우를 말하는데 아래 작품도 백두산 부석을 인위적으로 가공한 작품이다. 이 돌은 화산재가 모여 굳어진 돌로 석질이 아주 약한 단점이 있으나 그 단점을 장점으로 개선하여 멋진 작품으로 만들어본다.

우선 적당한 크기의 수반과 핸디 그라인더를 준비하고 수반에 들어갈

백두산 부석 초물경

돌의 크기에 구도를 잡아 그라인더를 사용하여 형을 만든다. 그 다음엔 채석강의 석산 모습을 표현하기 위해 그라인더를 사용하여 골을 판다. 그 다음엔 철솔 등으로 문질러 표면을 자연스럽게 하고 수반 안에 고정한다. 다 되었으면 선정한 식물을 식재하는데 채석강의 분위기를 충분하게 낼 수 있도록 적절한 안배가 필요하다. 이 작품에서는 정상 부위에 풀밭을 연상할 수 있도록 황금고사리를 착생하였고 뒤쪽으로 원근감을 표현하기 위해 먼 곳의 해송으로 연상할 삼나무를 심었다. 절벽 쪽에는 삭막함과 실물의 신비함을 더해주기 위해 미니창포와 고비 종류를 식재하여 현실감 나게 연출을 하였다.

석화

용암의 불꽃을 타고 나와
세상 밖의 표면에 화기를 삭이며
빛바랜 억만 년의 긴 세월

모진 비바람에 시달리고 볕에 그을려
늙은 검버섯인 줄 알았더니
꽃으로 피어난 석화였구나

현 모암 곰보딱지 위에
너무도 고풍스러운 하얀 꽃으로 피어나
무엇을 말하려 하는가
버거운 세월의 흔적은 고스란히 주저앉아
바위 꽃으로 지울 수 없는 흔적인데

인생의 끝자락 황혼길에
피어난 송장 꽃이나 다를 게 있을까

억만 년의 숨소리 현 모암에 피어난 석화
알 수 없는 신비로움에 무한한 상상력만
자아내는구나

PART 3

석부작

우리의 삶을 충족시켜 주는 자연 외에는 수많은 구실에 불과하다. 물질, 명예, 지휘, 권력 등 그 어느 것도 자연 앞에서는 점에 불과한 구실이 아니던가?

석부작 연출에서 감상까지

우리의 생활공간에 자연의 아름다움을 어떻게 하면 끌어들여 즐길 수 있을까? 매장이나 베란다 등 통풍이 잘되며 볕이 잘 드는 곳에 자신의 취향에 맞는 식물로 석부작을 연출하여 놓고 관리하며 감상에 젖어보자. 경이 좋은 돌과 자태를 뽐내는 우리 민속식물 야생초가 어우러져 신비함에 고풍미가 흘러 자신도 모르는 사이에 황홀경에 빠져들 것이다.

석부작이란, 기묘한 자연석 돌에 야생초를 착생하는 것을 말한다.

돌의 정도에 따라 야생초 선정과 착생하는 방법이 다르다. 우리가 석부작을 연출할 때 인위적이고 거부감이 나는 돌은 될 수 있으면 피하는 것이 좋으며, 색감이나 질감이 좋지 않지만 형이 뛰어난 돌이라면

자연의 작품에 심취하게 되면
자연과 대화를 나누며
자연의 고마움을 느낄 수 있는
경지에 이를 것이다.

산매자 석부작

수반에 앉혀 우리 민속식물을 식재하여 이끼를 입히면 나날이 고태(古態)미와 우거져가는 푸름을 감상할 수 있다. 또한 자연의 신비로움과 위대함에 감탄하며 자연과 더불어 살아가는 것을 실감할 것이다. 우리가 자연을 이해하고 알아가면 작아지고 나약한 나 자신이 얼마나 커 보이는가, 이때 느끼는 감정은 극도의 포만감에 이를 것이다.

석부작을 할 때 주의할 점을 알아보자.

우선 돌을 선정할 때 자연석을 원칙으로 하되 인위적으로 절단한 돌이나 인공 돌은 피하는 것이 바람직하다. 이유는 인위적으로 절단한 돌은 기가 없는 돌이라 해서 수석 애호가들에게는 취급을 못 받는 돌이기 때문이다. 식물을 고를 때도 역시 자신의 집안에 환경을 고려하여 선택하는 것이 좋으며 습도를 잘 유지하는 방법을 연구하여야 한다.

초물경 석부작

식물을 돌에 붙일 때는 절대 서두르지 말고 차분하게 단계별로 작품의 구상도를 잡아간다. 모든 작품은 장래를 생각하며 식물의 크기와 돌의 크기가 균형을 이루는지 잘 살피며 자연미가 풍부하게 연출하는 것이 바람직하며, 앞으로 기대되는 작품이 될 것이다. 무한대의 자연 앞

실꽃풀 석부작

에 감히 도전하여 볼 만한 일이 아닌가?

　우리의 삶을 충족시켜 주는 자연 외에는 수많은 구실에 불과하다. 물질, 명예, 지휘, 권력 등 그 어느 것도 자연 앞에서는 점에 불과한 구실이 아니던가? 돈도 명예도 권력도 나라도 사람도 배반은 있으나 자연은 절대 배반하지 않는다.

우리와 함께 살아가는 식물

　인간의 두뇌가 발달하면 발달할수록 생명 연장 기간이 길어지면서 시대적인 노후 대책이 필요하지만 저출산 문제로 말미암아 인구는 줄어드는 양극화 현상이 이루어진다. 그런 속에서도 천대받고 무관심 속

초물경 석부작

에 지나치던 민속식물이야말로 우리의 무덤까지 영원히 함께 있을 반려자라 생각할 수 있을 것이다.

인간과 식물은 뗄래야 뗄 수 없는 동반자이며 우리를 살리는 고마운 존재다. 그러기에 그 자연을 갈구하며 대자연의 초야를 찾아 헤매는 것이다. 더욱이 그 자연을 각박해지는 도심 속 집안으로까지 끌어들여 즐기려는 것은 자연 없이 살 수 없음을 아는 인간의 본능일 것이다. 자연이 빚어준 예술적인 작품을 축소하여 집안에서 감상하며 즐기는 방법은 다양할 것이며, 그 중 하나를 말하자면 작품의 감상 가치를 높이려면 전체적인 구도와 소재들이 잘 어울려야 하며 동일성과 계절의 변화, 구상력을 중요시하며 이상적인 상상력을 투입하여 실감 나는 바람 소리, 빗소리, 꽃향기, 자연의 향기, 새소리, 눈 쌓인 설경까지도 배려된다면 어느 누가 보아도 희열감에 빠지게 될 것이다.

우리의 일상생활에서도 다양한 취미생활이 있을 것인데 많은 사람이 자연의 작품에 심취하게 되면 자연과 대화를 나누며 자연의 고마움을 느낄 수 있는 경지에 이를 것이며 작품 속에서 정적인 면과 동적인 면을 찾아 함께 감상할 수 있을 것이다.

완성된 작품을 감상하려면 그 배후로부터 돌의 형태에 따라 유동성과 생동감을 느낄 수 있어야 하며, 유형이 있는가 하면 평화스러운 고요함과 고독감을 자아내는 작품도 있어야 하며 전자가 동적인 작품이라면 후자는 정적인 작품일 때 그 완성도는 높이 평가될 것이다.

 누군가의 흔적을 흉내를 낼 것이 아니라 뚜렷한 본인의 색깔을 찾아 현실감 있는 살아 움직이는 듯한 작품을 구사하고 최대한의 자연미를 가미하여 작품 속에는 물의 흐름과 물소리가 들리는 듯 시원함과 박진감을 느낄 수 있는 작품이야말로 많은 이들로부터 호감을 받을 것이며 미적인 향수를 느낄 것이다.

 위에서 본 작품과 달리 호수석을 감상할 때면 출렁이는 물결의 움직임 이전에 잔잔하고 고요한 정적을 먼저 강하게 느끼며 마음마저 차분해지는 것을 느낄 수도 있을 것이다. 자연은 원래 살아 움직이도록 창조되었으며 그 섭리 속에서 반드시 정과 동이 조화를 이룬다. 작품 감상에서 이 두 가지 요소를 이해하는 것은 자연에 대한 이해의 폭을 넓혀간다.

민속식물 석부작 조경

자연은 무언의 약속이라도 한 듯 인간이 살아가는데 기름지게 사는 법을 가르치며 우리의 꿈과 미래를 보다 수준 높은 생활로 격상시켜 아름다운 세상을 만드는 밑거름이 된다. 자연과 인연을 맺어 공생하며 살아가는 것은 인간으로서 자기 가치를 재발견할 수 있는 정점의 계기가 될 것이다.

모든 사람이 우리의 자원이 민속식물인 자연을 사랑하고 아끼는 마음을 가진다면 더욱 값진 삶을 살 수 있을 것이다. 진실한 삶이란 인간 공존의 법칙대로 과욕

입석경 석부작

없이 주어진 시간 속에서 땀 흘리며 자신의 발전을 위하며 열심히 사는 것이고 세상에 수많은 희로애락과 영고성쇠의 아픔을 자연에 묻고 고운 마음 맑은 눈을 가지며 무수한 사람이 수수한 자연인으로서 살기를 원하는 것이다.

인간은 각자의 삶 속에 개성과 꿈을 가지고 크고 작은 결과에 집착하며 살아가며 그 이상의 실천 속에서 허무하게 늙어 귀의하는 것이 아니던가. 제 아무리 부귀영화를 독점한다 하더라도 시간의 흐름을 거역하지 못하는 것이며 불로장수초를 쌓아놓고 먹는다고 하더라도 인간이 살아가는 정점이 있을 것이다.

우주 속에서 지구는 깨알보다 작다 하였는데 그 지구 속 나의 존재

소품 석부작

는 어느 정도나 될까? 자연으로 돌아가는 것은 부정할 수 없는 인간의 도리요 자연의 법칙이다. 인간이 죽어 귀환하면 자연의 거름이요 자연의 거름은 후손들의 양식이 될 것이다. 이런 환원의 원칙 속에서 자연을 고마워하고 자연의 원리에 순응하며 소중히 보존하고 우리는 그 자연과 함께 공생하며 진리와 질서의식 속에 살아가야 할 것이다.

자연을 많이 알려고 하는 사람에게는 분명히 그 아름다운 본질을 내비친다. 작품을 연출 할 때 그러한 자세는 더욱 강하게 적용된다. 무슨 작품이든 자연을 바탕으로 이루어지지 않는 것은 없을 것이며 원대한 자연을 생각하고 연구하며 이루어내는 작품이야말로 진실한 삶의 양식이 될 것이다.

산과 들, 강과 바다 어디에서든 자연의 완벽한 구도와 형상 미를 발견할 수 있으며 늘 동경의 대상으로 가슴속에 그리움이 자리하고 있음에 그 치밀한 구성미를 작품으로 형상화하기 위하여 찾아 나서는 것이다. 우리가 바라보는 자연 경관의 내면세계와 외면세계는 복합적인 표현을 연계시켜 예술적 가치를 평가하여 생명력 있는 창의력 작품을 구성하여 볼 만하다.

석부작의 5대 요소

인간에 있어 자연은 스승이라 할 수 있으며 그 자연 속에 의존해 사는 것을 부정할 수 없다. 석부작 소재로 수많은 형상의 돌이 있지만 그 중에 소장할 수 있는 수석에 못 미치는 돌을 소재로 한 석부작의 요소를 설명하려 한다.

자연미

시각적인 면에서 거부감이나 위화감을 주지 않는 편안한 형상의 돌로서 모나지 않으며 무슨 사물의 형상을 비유하여 볼 때 안정감 있게 보여야 좋다. 우리가 바라보는 산은 모두가 아름답고 저마다의 특징이 있다. 자연석이라 하여 모두 소장품으로 감상할 만한 것은 아니다. 바라보는 관점에서 심미감이 흡족한지 따져볼 필요가 있다. 모든 조건을 가진 수석이라면 수반이나 좌대에 올려 즐기면 되지만 다소 부족하다

털진달래 석부작

한 돌을 대상으로 석부작을 연출한다. 앞에서도 말했듯이 식물을 선정하는 데 있어도 자연미가 우선시되어야 한다. 돌과 식물의 구조에서 조화롭고 자연스럽게 연출이 되어야 한다.

형태

수석에 있어 자연석의 형상이 중요하다. 무슨 사물을 닮지 않고 아무런 형이 없다면 짱돌에 불과한 것이다. 산이면 산, 짐승이면 짐승, 무슨 사물의 형상이 상징되어 표현된 것이 풍부한 심미안을 가지며 비로소 수석으로 소장 가치가 있을 것이다. 그렇게 완벽해야 하는 수석에서 조금은 뒤떨어지는 돌을 사용하여 석부작을 연출하는 경우가 많이 있다.

고태미

자연에서 수많은 세월을 지나며 가진 풍랑과 바람에 비비며 거친 피

콩콩나무 석부작

부를 다듬고 변화하며 청아한 기품으로 잉태한 것이 명석으로 부각되는 것이다. 고태미란 오랜 세월의 벗을 생각하게 하는 정적인 면을 의미하며 낡은 것과는 사뭇 다른 표현이다. 고난과 역경의 세월을 몸으로 다 받아내며 견디어 온 산물의 흔적으로 깊게 폐인 골짜기와 주름진 것은 참으로 풍치가 저절로 드러나며 신비감은 인간을 숙연하게도 한다.

오랜 세월 풍화작용으로 인한 자태는 하나하나의 원석에서 자아내는 그 표현은 참으로 경이롭다.

석질

수석에서 주목받는 석실은 우선 단단한 것을 선호한다. 경과 형이 잘 갖추어 있어도 석질이 약하면 수석으로 인기가 없으나 그런 돌은 선별하여 석부작으로 많이 사용한다. 수석에서 경이나 석질 등이 떨어져 아쉬움이 있는 돌은 야생초나 약초 등을 착생하여 작은 산수경을 집안에서 즐기는 것이다. 따라서 석부작에서는 수석에 미치지 못하는 석질이나 경을 가진 돌을 잘 활용하면 멋진 석부작을 연출하여 즐길 수가 있다.

색상

석부작에서 돌의 색감은 그렇게 큰 비중을 차지하지는 않는다. 돌의 색상이 하얀색이나 빨간색은 사용하지 않으며 그 외의 색상은 개의치 않는다. 짙은 오석 계열의 돌은 풍란 등을 착생하여 돌의 석질과 색감을 같이 즐기는 방법이 있으나 옅은 색상의 돌에는 다양한 식물을 착생하여 또 다른 자연 경관을 즐길 수 있다.

석부작에 있어 수석과는 달리 자연미, 형태, 고태미, 질감, 색상 등을 크게 따지지는 않으나 그렇다고 짱돌을 말하는 것은 더욱 아니다. 갖추어야 할 것은 어느 정도는 갖추어야 한다는 것이므로 자연석을 고르는 방법과 돌을 보는 방법을 공부하는 것이 좋다.

접착제로 석부작하는 방법

아래 그림에서 보는 방법으로 접착제를 이용하여 자연석에 식물을 착생시켜 현실감 있는 작품을 연출하여 보기로 하자.

접착제는 강력접착제로 저점도 석부작용과 고점도 식물전용으로 나누어져 있다.

1 저점도 석부작용은 주로 돌과 돌을 부치는 데 사용하며 점도가 없어 급속으로 침투하며 이른 시간에 굳어진다. 때문에 빠르고 정교한 손놀림이 필요하며 손이나 피부, 의류 등에 묻지 않게 조심하여야 하지만 특히 작업할 때는 장갑을 끼는 것은 절대 금물이다.

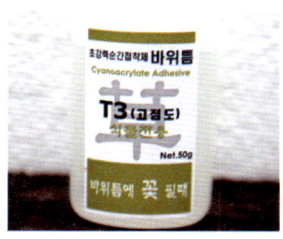

식물 전용 접착제

면장갑을 낀 상태에서 작업을 하던 중 접착제가 묻으면 피부에 큰 화상을 입을 우려가 있으므로 반드시 맨손으로 하는 것이 좋으며 부득이한 경우 고

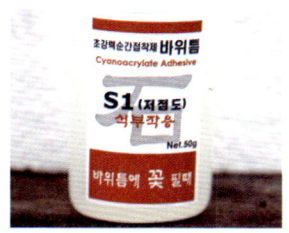

석부작 전용 접착제

석부작

2차 식물 착생

1차 식물 착생

완성된 석부작

무장갑을 착용하길 권한다. 혹여 피부에 묻었을 때 빨리 물에 담그고 미지근한 물에 불리며 수세미 등으로 문지르며 닦으면 상처 없이 지워진다.

2 고점도 식물전용 접착제는 식물이나 이끼류를 돌이나 나무 등에 착생할 때 사용을 하는 것이며 선택한 식물을 붙이고자 하는 위치에 약간의 토탄을 바른 뒤 식물 뿌리 부분에 고점도 식물전용 접착제를 적당량 바른 다음 정해진 위치에 붙이면 된다. 이때 주의할 점은 접착제를 너무 많이 사용하여 식물 뿌리나 이끼류가 굳어져 활착이 어렵게 되는 현상과 백화 현상(하얀색)으로 흉물스럽게 되는 것을 주의하여야 한다. 접착제를 이용하여 식물을 붙이고자 할 때는 미세하게 사용하는 것이 좋으며 식물이 착생하는 데도 확연하게 효과가 있다.

　식물용 고점도 접착제는 습도가 있어야 응고되는 것으로 대기 중에 습도만으로도 붙지만 석부작이나 분경을 할 때 돌에 분무기로 분사하여 놓고 식물에 약간의 습도가 유지되는 상태에서 접착제를 미세하게 사용하는 것이 바람직하다.

　구도에 따라 식물의 위치가 정해지면 순서대로 식물을 한 가지씩 착생하면 되는데 이때 주의할 점은 나무를 심을 때 움푹 패인 곳을 정하는 예가 많이 있으나 이것은 잘못된 것이다.

　작품 소재로 멋지고 아름다운 돌의 모양은 움푹움푹 들어간 변화가 많은 돌이 좋은 돌인데 초심자들은 그곳에 식물을 심어 돌의 변화무상한 경을 다 죽여 놓는 예가 많이 있다.

　될 수 있으면 움푹 들어간 곳을 잘 살려가며 식물을 부착시키는 것을 연구하며 시도하는 것이 석부작을 연출하는 데 기폭의 조화를 살리고 장래가 기대되는 연출법이라 할 수 있다.

　석부작은 분경과는 달리 분갈이를 할 수가 없으므로 식재에 많은 연구가 필요하다. 식물을 심으면서 토탄과 인산 가리질(뼛가루)을 잘 배합하여 심으면 되는데, 식재를 고급화하며 반영구적인 소재 개발이 시급한 시점이라 말할 수 있으며 시중에 다양한 소재가 있으나 그리 선호할 만한 식재는 아니며 이는 전문가들이 풀어야 할 숙제가 아닌가 싶다. 저자의 경험으로 보면 토탄은 석부작을 하는 데에서는 필수품목이라 할 수 있으며 장래가 보장되는 좋은 작품을 연출할 수 있을 것이다.

다양한 석부작 연출법

분경 석부작

　분경 석부작은 초자연의 미학적인 정점을 축소한 것이라 할 수 있다. 시각적인 완성미도 중요하지만, 반영구적인 식재 방법이 큰 비중을 차지하고 있다는 사실이다.

분경 석부작

　석부작에서는 분갈이를 할 수 없으므로 식물이 영구적으로 살 수 있는 원초적인 방법을 찾아내는 것이다. 그것은 자연에서 주어진 환경에 적응하는 것처럼 심어져야 한다는 것이며 장래가 기대되는 좋은 작품으로 만들어 간다는 것이다.

분경 석부작을 연출하기 위해서는 전문가의 기술전수나 많은 연구과정을 거쳐 철저한 준비를 할 때 멋진 작품을 감상할 것이다. 분경 분은 춤이 낮은 것이 좋다. 분이 높으면 둔탁하고 거북스럽게 보이며 시선이 산만하게 분산되므로 안정감이 떨어진다.

준비된 수반은 바닥에 물 빠짐이 좋도록 배수구멍을 크게 뚫어준다. 다음은 준비한 자연석을 분 안의 원하는 위치에 에폭시나 강력접착제를 사용하여 고정한다.

고정 되었으면 식물을 선정하는 데 있어 근실하며 분 안에서 1년 이상 적응한 것으로 준비하는 것이 기본이라 할 수 있다. 식물을 착생하는 데 있어 흙은 식물이 살아가는 원동력이다.

따라서 흙은 앞으로도 많은 연구를 하여야 할 과제다. 여기에서 사용한 흙은 토탄에 발효된 굴 껍데기 가루와 뼛가루, 숯가루 등을 첨가하여 식재하였으며 식물이 자라는 데 좋은 방법이다.

입석 분경 쌍봉 석부작

사람이 살아가며 일관성만 주장한다면 의미가 없을 것이다. 주어진 사물에 따라 자유분방하며 변화무상한 창작물을 접할 때 새로움에 자극을 받아 심장박동이 빨라지고 리듬을 찾고자 자신의 변화를 위해 허물을 벗으려 미래를 향해 도전하며 개척할 것이다. 그 중에 우주의 철학이 숨겨져 잘 내보이지 않는 자연의 위대함은 무한대의 연구과제라 할 수 있다.

사람은 늘 접하는 자연이지만 조금만 신비한 산이나 들에 지나칠 때 탄성이 절로 나오는 것은 바로 자연의 힘이 아니겠는가. 그 오묘한 자연을 소재로 석부작을 만들어보자! 우리가 원대한 자연 앞에서 보이는 모든 사물은 신비하고 경이롭게 보이겠지만 작은 분 안의 축경은 그렇지 않다.

큰 산은 한눈에 보이질 않으므로 신비함에 도취되지만 분에 작은 축경은 한눈에 보이게 되므로 조금만 기울고 비틀어져도 어색하고 불안정하게 느껴진다.

그러므로 자연에서의 부자연스러운 곳은 제거하였다고 생각하며 선의 흐름과 구도를 정확하게 잡아 연출하는 습관을 들이는 것이 좋다. 이 작품에서는 길고 오랜 세월의 풍화작용으로 연질 부분을 산화하여 강 질의 부분만 앙상하게 남아 천태만상의 현묘함이 농축된 전원 작품을 연상케 하며 하늘을 찌를 듯 기세등등한 입석 경으로 쌍봉을 이

입석경 쌍봉 석부작

루었으며 힘이 넘쳐 보인다.

절벽 바위틈에 털진달래를 식재하고 주변에 일엽초와 고란초를 착생하여 자연미를 높인 작품이다. 이 작품은 적당한 수반 위에 올려놓고 물을 채워 바다에 솟아 있는 섬 경으로 상상하며 즐기면 좋을 것이다.

입석 분경 풍란 석부작

난은 사군자 중 하나로 주로 옛 시인이나 묵객 선비들이 소장하며 감상했다. 난이 주는 외형적인 이익이나 명예를 얻기 위한 것이 아니고 자연에서 주는 교훈을 내면적인 자기 수양, 인격 도량의 산물로서 소장 가치가 있다고 느낀 탓이리라. 특히 난은 힘 있게 뻗은 이파리의 선이 기가 있고 특별히 난향 국향이라 하여 그 향기를 높이 쳤으며 나무가 아닌 초본으로 사철 푸른 잎의 자태 역시 자연 그대로 수려함을 지니고 있어서 난을 가까이하였던 것으로 알고 있다.

특히 고목의 표피나 바위 등에 붙어사는 풍란은 착생하는 식물이기 때문에 분에 심어 키우는 것보다는 돌이나 고사목. 또는 도자기 등에 착생하여 여러 다양한 작품으로 연출하여 즐기면 더 많은 즐거움을

입석경 풍란 석부작

느끼며 자연의 신비함에 도취될 것이다.

풍란을 돌에 붙여 석부작을 만들면 풍란뿐만 아니라 수석 또한 감상할 수가 있으며 꽃의 아름다움과 뿌리의 선을 관상하며 풍란을 괴이한 형상의 나무에 붙여 목부작을 만들면 다양한 형상으로 표현되는 작품을 감상할 수 있다.

여기에 적절한 양치류 종류나 야생초를 착생하여 시각적 안배를 높이면 소자연을 감상하며 심신을 달랠 수가 있을 것이다. 특히 기상석에서는 난의 위치가 칠부능선이 가장 좋은 자리라 할 수 있다.

입석 분경 풍란 석부작

긴 세월 비바람에 시달려 심오하게 주름진 산 바위형 근육질의 남성미가 돋보이며 기름이 배어 나올 듯한 피부에 높이 뻗어 오른 정상에는 내면에 솟구치는 도약이 표출되어 무안한 꿈을 꾸고 있는 듯하다. 그렇다. 풍란을 붙이는 돌은 무엇보다 석질과 경이 좋아야 감상가치가 높으며 짙은 색이면 더욱 좋다. 까만 바탕에 내리뻗은 하얀 난 뿌리는 수를 놓은 듯한 비취색이 감미롭기까지 할 것이다.

수석과 풍란 두 가지를 한꺼번에 감상하며 즐길 수 있는 장점이 있는 석부작은 지친 심신을 달래주기에 충분하다. 좋은 돌일수록 구도 잡기와 풍란을 붙일 포인트를 찾아내기가 어렵다.

풍란을 정상 부위에 착생하되 기를 누르는 듯한 것처럼 보이는 것은 잘못된 것이며, 자연스럽고 조화롭게 보일 때 작품성이 높이 평가될 것이다. 그러기에는 반드시 난을 풍성하게 붙여 조화를 이룰 수 있도록 하는 것이 바람직하다.

입석경 풍란 석부작

손고비 석부작

자연에 주어진 것은 무엇 하나 소중하지 않은 것이 없다. 들이나 산 전국적으로 분포하고 있는 이끼조차 이리 아름다운 자연의 산물로 우리와 공생하는 것이다. 제주도 화산석인 현모암을 가지고 석부작을 연출하여 보자. 우선 작은 우주 속에 호수가 있는 풍경을 만들고자 하여 물 고임돌을 준비하고 손고비와 부처손을 준비하였다.

호수석이라 함은 물 고임 자

손고비 석부작

리가 생명이며 지루한 감이 있어서는 안 될 것이다. 우선 호수석 뒤편에 중앙을 나누어 오른쪽으로 부처손을 착생하여 작은 산을 연상하게 하고 왼쪽으로는 손고비를 착생하여 푸름에 노송을 연상할 수 있도록 하였다.

항아리돌 자금우 석부작

마치 신선이 그 그늘에 앉아 낚시 한 대 펼쳐놓고 시라도 한 수 지음직한 분위기를 연출하여 평온함과 잔잔한 호수에 발이라도 담그고 싶은 충동을 느끼게 하였다.

자금우 석부작

자연의 오묘함이 배어 있는 바가지석 현무암 간 세월이 버거운지 석화가 덕지덕지 피어 있어 시각적인 미는 고풍스럽기만 하다. 돌의 앉은 자리가 편안하며 모함 또한 흠잡을 데가 없어 석부작을 연출하여 볼 만한 가치가 충분하다.

우선 작품을 연출하기 전에 충분한 준비와 계획이 있어 하며 반영구적인 방법으로 식물을 식재하는 것이 바람직하다. 특히 바가지석은 앞과 뒤를 잘 구분하여 방향감을 잘 제시하는 것이 방법이며 식물을 선정함에 돌과 조화가 맞을지도 고민하는 것이 좋다.

작은 호수의 뒤에 주봉으로 보이는 능선을 기반으로 하여 키가 작은 애기자금우를 식재하여 계절감을 뚜렷하게 나타나게 하며 푸른 입과 꽃 열매를 감상할 수 있도록 하여 지루한 감을 덜어준다.

자금우 석부작

앞쪽으로는 고란초와 이끼류가 어우러져 생동감을 줄 수 있도록 하고, 전면 오른쪽 절벽에 산철쭉을 식재하여 스릴감을 주도록 하였고, 꽃 피는 봄에 진달래의 향수를 맛볼 수 있도록 하였다. 석부작에 식재한 식물은 분갈이를 할 수 없으므로 흙에 많은 신경을 쓰는 것이 바람직한데 위 작품은 토탄에 뼛가루와 숯가루를 첨가하여 식재한 것이다.

자금우 석부작

 식물을 그릇에다 심어 놓고 즐기는 방법도 있지만 식상함과 분갈이를 자주 한다는 번거로움 때문에 중도 하차하는 경우가 많다. 하여 초자연을 집안에 옮겨놓은 것 같은 착각에 빠지도록 석부작을 연출하여 눈으로 즐기고 공간에 반려식물을 심어 키워가며 먹으며 느끼는 재미는 체험인의 상상에 맡기기로 하되 본인이 좋아하는 식물이 아니라 집안의 환경에 맞은 식물을 선택하는 것이 가장 중요하다.

 첫째, 돌을 고르는 데 있어 본인의 취향에 맞으며 부담이 없어야 하고 돌의 형태는 편안하며 밑자리가 좋은 돌로서 모나지 않고 보면 볼수록 정감이 가는 것을 선택하되 거부반응이 나면 안 된다.

 둘째, 식물을 고르는 방법은 실생근으로 좋은 식물과 손쉽게 기를 수 있어야 하며, 반 그늘 식물로서 집안의 환경과 잘 맞은 식물을 선택하면 된다. 돌 부침을 하는 식물로서는 상록을 선택하되 팔방근이 좋아야 하며, 잎이 작고 키가 작으며 꽃이 예쁜 식물을 선택하면 된다. 이런 식물이 돌에 착생하도록 하기가 좋으며 작품으로서 집안의 환경과 분위기를 고조시킬 것이다.

자금우 작품을 소개해 보자. 자금우는 직간으로 뻗어가는 뿌리 번식이 강하며 씨앗 발아도 좋다. 보통은 씨앗 발아시킨 것으로 분화작업 되어 있는 경우와 산채 한두 종류를 볼 수 있다.

자금우는 산지의 큰 나무숲 밑에서 자란다. 땅 속 줄기가 옆으로 뻗으면서 마디마디에서 줄기가 나오고 가지가 갈라지지 않으며 높이 10cm 이하이다. 어린 가지의 끝에 선모가 있다. 잎은 어긋나지만 위의 1~2층은 돌려나고 긴 타원형으로 두꺼우며 윤기가 있고 가장자리에 잔 톱니가 있다.

꽃은 6월에 피고 양성이며 흰색 또는 연한 홍색이고 잎겨드랑이에서 밑을 향하여 핀다. 화관은 깊게 5개로 갈라지고 잔 점이 있으며 5개의 수술과 1개의 암술이 있다. 열매는 장과로서 9월에 둥글고 붉게 익으며 다음해 꽃필 때까지 남아 있어 관상 가치가 높다. 한국·일본·중국에 분포하며 산호수는 이와 비슷하지만 톱니가 굵고 양면에 털이 있다.

셋째, 토탄과 골분가루 숯가루 이끼 보조식물 등을 준비한다. 위에서 보는 그림을 모델로 설명을 하여 본다. 석부작이란 인간의 창의력을 발휘하여 연출하며 아름다운 관상 가치를 높이는 것으로 제일 중요한 것은 구도 잡는 방법과 흙을 쓰는 방법이며 식물의 공생관계를 생각하고 연출하는 것이 바람직하다. 위 작품에서는 호수석에 자금우를 부각한 작품이다. 자금우를 심을 때 2~3센티 간격으로 꺾어 접으며 분질러 한쪽의 목질부와 수관부가 끊어지지 않도록 주의한다.

자금우를 착생하여 자리를 정하였으면 준비한 토탄과 식물 고접도 접착제를 사용하여 바람이 들어가지 않게 섬세하게 심는다. 토탄에 골분 숯가루를 혼합하여 식재 하게 되면 열매가 굵어지고 낙과가 안 되며 색상이 좋으므로 관상 가치가 높아진다.

이때 조심할 것은 뿌리가 접어져 있으므로 토탄이 잘 묻어 있어야 고사 되는 것을 막을 수 있다. 자금우의 특징은 꺾어진 부위에서 부정아가 잘 나오므로 뵈게 심는 것은 바람직하지 못하다.

자금우가 심어진 후에는 이끼로 마감하여 개부처손이나 황금 고사리 등으로 자연스럽게 주변식물을 연출한다. 석부작의 앞면에는 작은 식물로 마감하여 오래된 것으로 보이도록 연출하는 것이 좋으며 애기일엽초나 고란초 등으로 마감한다.

식재가 다 된 작품은 그늘에 10일 정도 보관하며 관수를 흡족하게 한다. 10일이 지난 후에는 반 그늘에 한 달 정도 보관하며 관리를 한 다음에는 볕을 많이 보게 하며 자연에서의 생태계를 생각하고 관리하면 된다.

한 달 정도가 지나면 몸살이 끝나며 자라를 잡기 시작한다. 그 후로 물주기 횟수도 줄이며 강하게 키워 적응하도록 하는 것이 좋다. 무슨 식물이든 과잉보호에서 죽이는 경우가 가장 많으므로 자연의 섭리를 역행하지 않을 것을 당부한다. 토탄은 강 속에 오랜 세월 나무나 가랑잎이 퇴적되어 석탄이 되기 전까지 부식된 것을 파 올려 거름 성분과 토양을 제거하고 섬유질만 거른 것으로 무균 처리한 흙으로 보면 된다.

석부작에서는 일반 원예용 관엽처럼 웃자라면 그 관상 가치가 없을 것으로 본다. 하여 토탄은 식물이 웃자라는 것을 억제하며 근실하게 하는 역할을 충실하게 한다.

  토탄의 가장 중요한 점은 완전히 말라 건조된 상태에서도 갈라지거나 보습력이 떨어지는지 굳어져 단단한 돌처럼 되는지 시험하여 볼 필요가 있다. 토탄을 이용하여 식재한 후에 하루 정도 지난 다음 관수를 하여도 흘러내리지 않아야 하고 갈라지거나 굳어져 물이 스며들지 않으면 정확한 토탄이 아니라 할 수 있다.

  골분(뼛가루)은 짐승(소, 돼지) 뼈를 거둬들여 일조량이 좋은 곳에 보관하며 부식될 때까지 기다린다. 1년쯤 지나면 부슬부슬 부서진다. 이때 식물 식재용 토탄과 혼합하여 심으면 된다. 골분은 인산이 풍부하여 식물의 성장보다는 뿌리를 튼튼하게 하며 식물의 건강상태를 최고의 조건으로 유지해주며 꽃 색깔을 더욱 진하게 하고 열매가 낙과하는 것을 방지하며 오래가고 당도가 좋아진다.

  석부작은 분갈이를 할 수 없으므로 골분은 반드시 넣어주는 것이 좋다. 숯가루는 산성화되는 토양을 알칼리성으로 바꿔주는 역할을 때문에 발효된 숯가루를 쓰는 것이 좋다. 발효되지 않은 숯가루를 쓰면 타르가 생겨 식물에 해를 입힌다.

  발효방법 (1)목초액 처리를 한 것으로 판매용이 있다. (2)비를 맞추며 볕에서 6개월 이상 놓아두었다 사용한다.

야생초 입석 분경 석부작

  지배하는 것이 좋은 일일까? 알 수 없는 신비감에 앞을 보니 하늘을 찌를 듯 드높은 기상이 눈앞을 혼미하게 하여 황홀경에 빠트리는구나. 우뚝 솟은 돌 한 점의 협곡엔 숨구멍이 뚫려 시원한 바람이 스미고 아래 계곡엔 감로수가 흐를 것만 같은데 칠부능선 장수매 가지 위에 파

야생초 입석경 석부작

랑새가 둥지라도 틀음직하며 절벽 바위틈마다 뿌리박은 야생초 신비함에 탄성만 나오는구나. 그렇다 작품이란 현실적이어야 하며 꾸밈이 있어서는 영구적으로 관상하기가 무리수일 것이고 대중적인 선호도도 떨어질 것이다.

　협곡의 기상석 상단 칠부능선 부위에 장수매를 착생하여 고조감을 느낄 수 있도록 하였고, 내려오면서 황금고사리와 콩콩나무 등을 식재하여 생동감을 느끼며 싱그럽고 넉넉한 분위기를 느낌으로서 안정감이 들게 하였다.

개부처손 석부작

　기분전환이라도 해보고 싶을 때가 많을수록 외로움이 더한다는 보고서를 본 적이 있다. 많은 사람들이 그럴 때면 삭막한 도심 속에서 탈피하여 주로 자연 경관을 찾아 떠도는 경우를 많이 보는데 각박한 빌딩 숲속에서는 그마저 여의치 않음으로 스트레스만 고조되어 가는 것이 현실이다. 그 해결책이 바로 반려

개부처손 석부작

식물을 키워보는 것이다. 집안으로 자연 경관을 끌어들이는 것이다. 대자연을 축경으로 연출하여 내 손안에서 다룰 수 있도록 하여 즐기는 방법을 말하는 것이다.

    저자가 피력하고 싶은 사람이 있어 소개하고자 한다. 저자의 매제 되는 김종우라는 사람 이야기다. 이분의 인성과 성향은 자연 속 한 그루 나무 같다는 표현을 쓰고 싶다. 소자연을 취미로 즐기며 집안에 철쭉 종류 소품 분재를 끌어들이며 반려식물로 키우는 취미인이다. 전문적인 식물 지식은 없으나 자연의 소중함과 위대함을 잘 아는 사람이다. 그렇다 보니 화려함을 먼저 생각하는 듯하다. 한 가지 귀뜸을 해준다면 화려함에 도취하지 말고 집안에서 키우기만 해도 약이 되는 반려식물을 키워보길 권장한다. 아래에서 보는 식물이 그런 식물이다.

    이 작품은 소품으로 누구나 손쉽게 만들어 즐길 수 있는데 작으며 단조롭지만 정적이며 앙증맞아 시선이 더욱 집중되는 장점을 가진 것이 특징이라 할 수 있다. 작품을 만들기 위해서는 준비한 돌에 토탄을 깔아놓고 개부처손 뿌리를 올려놓은 다음 다시 토탄을 덮어놓은 후 비단이끼를 붙여 마무리한 다음 반 그늘에서 물주기를 잘해야 하며

물이 마르는 것을 주의하는 것이 좋은 작품으로 완성도를 높이는 것이다.

초물 분경 석부작

석부작을 만드는 과정에서 석질이 단단한 자연석에는 풍란 등 착생 식물을 선택하는 것이 바람직하며 흙을 요구하는 식물은 피하는 것이 좋다. 양치류 외 일반 식물은 오랜 시간이 지나면 뿌리가 엉켜 들고 일어나는 경우가 있으며 파고들 곳이 없어 돌과 식물이 분리될 수가 있다.

때문에 착생식물을 붙여 자연석의 아름다움과 식물의 생동감을 함께 관상하는 것이 바람직하다. 이 작품은 단양 초코석 원산 경으로 석질이 아주 단단하며 수마가 잘 되어 피부가 부드럽고 모함과 경이 흠잡을 때가 없으며 힘이 넘쳐 보이는 기상 또한 일품이다.

초물경 석부작

여기에 풍란과 석곡을 착생하였으며 우단일엽을 아래쪽에 붙여 조화롭게 연출하였다. 자연석은 수석으로 관상하여도 손색이 없으나 초물을 착생하여 자연의 오묘함을 한 번에 감상할 수 있도록 하였다.

초물 분경 석부작

분경 석부작은 초자연의 미학적인 정점을 축소한 것이라 할 수 있다. 시각적인 완성미도 중요하지만, 반영구적인 식재 방법이 큰 비중을 차지하고 있다는 사실이다.

석부작에서는 분갈이를 할 수 없으므로 식물이 영구적으로 살 수 있는 원초적인 방법을 찾아내는 것이다. 그것은 자연에서 주어진 환경에 적응하는 것처럼 심어져야 한다는 것이며 장래가 기대되는 좋은 작품으로 만들어 간다는 것이다.

분경 석부작을 연출하기 위해서는 전문가의 기술전수나 많은 연구과정을 거쳐 철저한 준비를 할때 멋진 작품을 감상할 것이다. 분경 분은 춤이 낮은 것이 좋다. 분이 높으면 둔탁하고 거북스럽게 보이며 시선이 산만하게 분산되므로 안정감이 떨어진다.

준비된 수반은 바닥에 물 빠짐이 좋도록 배수구멍을 크게 뚫어준다. 다음은 준비한 자연석을 분 안의 원하는 위치에 에폭시나 강력접착제를 사용하여 고정한다.

고정되었으면 식물을 선정하는 데 있어 근실하며 분 안에서 1년 이상 적응한 것으로 준비하는 것이 기본이라 할 수 있다. 식물을 착생하는 데 있어

초물 분경 석부작

흙은 식물이 살아가는 원동력이라 할 수 있다.

  흙은 앞으로도 많은 연구를 하여야 할 과제다. 여기에서 사용한 흙은 토탄에 발효된 굴 껍데기 가루와 뼛가루, 숯가루 등을 첨가하여 식재하였으며 저자의 경험으로 보아 권장할 만한 식재이다.

  그림, 사진, 공예 외 다양하게 많은 작품 중 전문가든 취미인이든 어떤 분야에 서든 구도가 생명이다. 구도가 맞지 않으면 실패작이라 할 수 있다. 물론 분경 석부작에서는 살아있는 식물을 소재로 하는 종합예술이라 할 수 있다.

  그러므로 먼 훗날 장래까지 생각하지 않을 수가 없다. 위 작품은 입석경 등 허리쯤에 각엽진산을 식재하여 구름이 휘감은 듯하게 보이도록 유도하여 주봉만 보이도록 하였다.

  바닥에도 각엽진산과 애기붓꽃으로 조화롭게 식재하였으며 바위경 뒤쪽으로는 개부처손을 식재하였고 구실사리를 지피식물로 식재하여 20여년 세월을 같이해온 작품으로 가장 애장하는 작품이다.

초물 분경 석부작

  마삭줄은 상록이며 잘잘한 입장과 그 꽃이 관상 가치가 참으로 높은 식물이다. 야생화 취미생활을 하는 사람들이라면 누구나 소장하고 싶어 하는 식물이며 이 작품에서 보는 마삭물은 좀마삭이라고 부른다. 분경으로 키우기도 좋은 반면에 석부작에서도 적합한 식물이다. 꽃이 피면 그 향기 또한 일품이며 온 집안에 향기가 가득 퍼져 친환경 치유식물이 될 수 있다.

  석부작으로 연출하고자 할 때는 본인이 다루기 적당한 돌을 구입해 그 위에 토탄으로 배식하면 되는데 처음에는 이렇게 많이 심은 것이 아니며 듬성듬성 심어 아래 부위로 마삭줄의 가닥을 내려준다. 마치 빛으로 빗어 내린 것처럼 해놓아야 자리를 잘 잡으며 보기 좋은 작품으로 자리 잡아갈 것이다. 초심자들이 도전하고자 할 때는 적당한 크기의 돌을 선정하는 것이 바람직하며 너무 욕심을 내는 것은 실패의 원인이 된다는 것을 잊어서는 안 된다.

마삭줄 석부작

 연민의 정이라도 느끼고 싶은 여린 잎사귀 사이로 수줍음은 가득한데 바늘 같은 줄기에 목숨을 담보로 하고 기어오르는구나. 계절의 무상함은 온 데 간 데 없으니 누가 무엇이라 하겠는가마는 바라보는 눈빛은 신비함뿐이구나. 향기 하나 빈들에 뿌려 놓았으니 어찌 취하지 않으리. 메마른 가슴에 울렁증이 일고 코끝을 실룩이며 바라보는 눈초리 끝내 사르르 감는다.

좀마삭줄 작품

그렇다 이런 작품을 만들어야 시간이 흐르고 익어갈 즈음이면 희열감에 빠져든다. 돌로 보면 별것 아니지만 이렇게 작품을 연출하여 집안에 디스플레이 해놓고 즐기다 보면 만고풍상 고단함이 다 씻겨내려간다.

자연석에 우울증과 신경과민, 진정 작용에 효과가 좋은 마삭줄을 착생하고 항암에 좋은 부처손을 요소에 맞게 착생한다. 식물을 착생할 때는 토탄을 활용하는 것이 바람직하며 토탄이 없을 경우에는 부엽토를 사용해도 무방하다. 마삭줄은 약성도 좋지만 꽃이 피면 그 향기가 일품이므로 집안에서 키우면 여러모로 좋은 장점이 있는 식물이다. 반면에 상록이면서 가을이 되면 단풍이 일품인데 특히 고령인 분들에게나 일인 세대를 살아가는 분들께 권장한다. 우울증이나 외로움을 달래는 데 좋은 식물이기 때문이다. 관리 요령은 물주기를 게을리하지 말고 통기성이 잘 되는 곳에서 기르는 것이 좋다.

마삭줄 석부작

초물경 석부작이란, 초물(식물)을 자연석에 착생하여 놓은 것을 말하는 것이다. 이 석부작에서는 마삭줄(백화등)과 석창포를 착생하여 만든 작품이다. 마삭줄의 특성은 덩굴성이지만 순치기를 계속해서 하다 보면 목문화 되어 분재로도 관상 가치가 높은 식물이다. 석창포 또한 향기가 은은하고 약효가 있어 집안에서 키우기 좋은

마삭줄 작품

마삭줄 초물경 작품

식물 중 하나다. 한방에서는 마삭줄의 줄기를 낙석등(絡石藤)이라 부르고 열매를 낙석과(絡石果)라 부른다. 낙석등은 풍습성으로 인한 사지마비동통·근육경련·굴신을 잘못하는 증상·인후염·종기 등에, 낙석과는 근골동통에 쓰인다고 한다. 약효는 혈관 확장 작용과 혈압강화 작용에 효과가 있으며 많은 양을 사용할 경우에는 복통설사를 할 수 있으며 호흡이 약해질 수 있다. 조경수와 분재용 소재로 많이 사용되며 특히 반려식물로 좋은 장점이 있는 식물이다. 꽃이 피면 향기가 일품이며 꽃 모양이 특이하여 많은 사람들이 좋아하는 식물이다.

마삭줄의 복합 추출물은 항염증 및 항알레르기에도 효과가 있으며 가을에 단풍이 들면 그 또한 일품이다.

석창포는 상록이며 뿌리줄기는 굵고 딱딱하다. 마디가 많으며 잔뿌리로 돌 틈과 같은 고세 붙어 자생한다. 꽃은 잎과 같은 생김새를 가진 꽃대의 중간부에 둥근 막대기 모양으로 뭉쳐 피며 꽃 색깔은 노란

빛을 띤 푸른색이다. 적용 질환은 속이 답답한 증세와 정신이 혼미한 증세, 건망증, 간질병 등을 치료하는 데에 사용하며 소화불량이나 위통, 복통, 악성종기, 타박상에 의한 멍, 눈이 붉게 충혈되는 증세 등에 사용한다.

입석이로 볼 수 있는 돌에 원근감을 주기 위해서 뒤쪽으로 마삭줄을 심었고 앞쪽에는 석창포를 심어 풍요롭게 보이도록 한 연출이다. 식재 흙으로는 토탄을 사용하였으며 마무리는 비단이끼로 마감하였다.

자금우 석부작

자금우과의 애기자금우가 있으며 키는 10cm 내외이고, 땅속줄기의 끝이 지상으로 올라와서 지상의 줄기가 된다. 잎은 타원형 또는 난형으로 마주 나거나 돌려 나며, 끝은 뾰족하고 가장자리에 잔 톱니가 있

자금우 석부작

다. 길이가 6~13cm인 잎은 두꺼운 가죽질이며 광택이 난다. 꽃은 6월에 잎겨드랑이나 포(苞)겨드랑이에서 2, 3개가 밑으로 처져 피며, 꽃대는 1cm 정도로 짧다. 꽃받침 잎에는 부드러운 털이 있으며, 꽃잎은 흰색이다. 열매는 지름이 1cm 정도이고 9월에 빨갛게 익어 다음 해 꽃이 필 때까지 달린다. 남부지방의 숲속에 자라며 낮은 키에 가죽질의 윤기 있는 잎과 다음해까지 달리는 빨간색의 열매가 매우 아름다워 야생초 동호인들에게 인기가 좋은 식물이며 특히 석부작에 식재하여 오랜 세월이 지나면 그 관상 가치가 높아 집안 분위기를 높일 것이다.

식재 방법으론 땅속으로 뻗은 줄기는 길게 뻗어 올라오는 습성이 있으므로 줄기를 꺾어서 심으면 꺾은 마디마다 생장점이 생겨 새싹이 나오게 되며 흙은 토탄을 사용하면 된다. 이때 뼛가루를 적당히 섞어 심으면 열매의 색상이 짙으며 낙과되는 일이 적음으로 관상 가치가 더욱 좋을 것이다.

돌단풍 소품 석부작

돌단풍은 습도가 많은 계곡 바위틈에 붙어 자생하는 식물이다. 화분에서도 잘 자라는 식물이지만 돌에 착생하여 집안에서 반려식물로 키우며 즐기는 방법은 참으로 바람직하다. 독성이 없고 자생력이 좋으며 관상 가치가 좋은 식물이다. 반면에 우리의 건강에도 기여도가 있다.

돌단풍은 범의귀과에 속하는 여러해살이 식물이며 전국에 분포한다. 바위틈에서 자생하며 봄소식을 가장 먼저 전해주는 식물이며 이른 봄 뿌리에서 여러 개의 새순이 돋아나며 근경(根莖)이 굵게 뻗고 단풍잎 모양의 잎을 닮았으며 꽃대는 키가 20~30cm 정도로 잔털이 나

있고 꽃은 흰 바탕에 옅은 분홍색으로 감돌아 관상 가치가 더욱 크다.

돌단풍은 꽃이 피기 시작하면 꽃과 어린잎을 데쳐서 나물로 먹으며, 생강근으로 이루어진 뿌리를 포함한 전초(全草)를 약용으로 사용한다. 그래서 나물로 먹기만 해도 약효가 있다.

생약명은 석호채(石虎菜)로 맛이 쓰고 약성은 시원한 성질로 심장기능을 강화하는 약리작용으로 강심작용과 이뇨작용에 효과를 볼 수 있다. 심장복통과 강심 협심증 부정맥 이뇨 부종 소변불리 등을 치료 및 예방한다. 하지만 최근 연구에 의하면 돌단풍 잎 추출물에서 항산화작용과 피부노화억제 효능으로 주름살 방지 효과가 있다고 한다.

집안에서 반려식물로 키우기 위해서는 우선 본인이 다루기 좋은 자

돌단풍 석부작 연출 방법

연석을 준비한 다음 돌단풍과 토탄이나 부엽토를 분비하면 된다. 준비가 되었으면 돌 위에 돌단풍을 잘 정리하여 착생하도록 펼쳐 놓고 사이사이에 토탄을 잘 집어넣어 식물이 움직이지 않도록 한다. 작품을 만들기 위해서는 새싹이 올라오기 전에 만드는 것이 좋다. 이렇게 마무리를 하였으면 물주기를 흠뻑 한 다음 반 그늘에 보관하고 관리하면 멋스러운 소품 석부작으로 보는 이의 마음을 사로잡을 것이며 집안의 공기 정화 습도유지 등 환경개선에도 효과가 있으며, 특히 고령자 분들과 일인 가구 시대에 반려식물로서 외로움과 우울증에도 큰 효과가 있다.

돌단풍 소품 석부작

돌단풍은 계곡이나 강줄기 주변 바위틈에서 주로 서식하며 반 그늘

돌단풍 석부작

지고 습한 곳을 좋아하며 건조한 곳도 적응력이 좋다. 노지에서도 겨울나기를 하며 오래된 나무 표피나 뿌리 또는 바위에 달라붙어 자라는 습성을 활용하여 목부작이나 석부작으로 연출하여 집안에서 반려식물로 키우며 즐기는 사람이 많이 흔히 있다. 집안에서 키우게 되면 집안의 공기 정화나 습도 유지에도 좋으며 산소공급과 냄새 제거에도 기여도가 있는 식물이다. 후해 무독으로 꽃과 이파리를 나물로도 먹으며 뿌리는 약용으로 사용하는데 심장병 질환자에게 사용하는 약용식물로서 집안에서 키우기만 해도 약이 되는 식물이다. 반면에 관상가치가 높아 인기는 더욱 좋다.

반려식물로 키우고자 하는 분은 석부작이나 목부작을 만들어 키우시기를 권장하며 그림에서처럼 돌에나 나무 위에 뿌리를 식물전용 강력접착제를 사용하여 단단히 붙여 고정한 다음 이끼 등으로 습도 유지가 되도록 주변에 착생한다. 다 되었으면 반 그늘에 보관하며 물주기를 한다. 작품 연출 시기로는 언제나 가능 하지만 눈이 트기 전 2월 중순쯤 하는 것이 가장 좋은 시기라고 할 수 있다. 이렇게 관리를 하며 다소의 시간이 지나면 꽃대가 올라오며 이파리도 뒤따라 올라오기 때문에 그 관상 가치는 참으로 크다 할 수 있다.

큰우단 일엽초 석부작

입장이 크고 색감도 좋아 많은 사람들에게 인기가 있는 식물이다. 원산지는 대한민국 남부지방 제주도 습도. 많은 반 그늘 바위나 나무 표피에 붙어 자생하며 일본과 필리핀, 대한민국, 중국이며, 대만에도 분포하고 있다. 번식할 때에는 촉 나누기를 하여 뿌리를 심는다. 조건이 맞으면 포자 번식도 되지만 가정집에서 포자 번식은 어렵다.

큰우단일엽

    한방에서는 식물 전초를 말려 이뇨제나 지혈제로 쓰며 임질 치료에 사용하기도 한다. 뿌리를 볶아서 가루를 낸 것은 독사 등에 물린 상처에 사용하면 해독 효과가 좋다. 민간요법에서는 차로 이용하며, 항암 효과와 항산화와 면역 등에 좋은 것으로 알려져 있다.

    그림에서 보는 석부작은 큰우단일엽초를 분주하여 토탄으로 자연석에 바른 다음 접착제를 사용하여 착생해 놓고 이끼를 붙이며 마무리한 것이다. 처음부터 풍성하게 많이 붙이는 것보다는 여백을 만들어 가며 심는 것이 좋다. 통기성이 좋을 때 새 촉수가 나오기 좋은 조건이기 때문이다. 자리를 잡으면 번식도 잘 되며 시각적인 효과도 좋아 반려식물로서도 장점이 많은 식물이다. 우선 집안의 공기 정화는 물론이며 미세먼지 제거에도 크게 기여하는 식물이며 특히 우울증 환자분이나 외로움 해소에 좋은 식물이다.

반 그늘에서 키우며 물주기를 게을리 하지 않으면 어느 집에서든 잘 살 수 있어 석부작이나 목부작으로 연출하여 키우면 좋다.

일엽초 부처손 석부작

입장이 크고 색감도 좋아 많은 사람들에게 인기가 있는 식물이다. 원산지는 대한민국 남부지방 제주도 습도다. 많은 반 그늘 바위나 나무 표피에 붙어 자생하며 일본과 필리핀, 대한민국, 중국이며, 대만에도 분포하고 있다. 번식 할 때에는 촉 나무기를 하여 뿌리를 심는다. 조건이 맞으면 포자 번식도 되지만 가정집에서 포자 번식은 어렵다.

한방에서는 식물 전초를 말려 이뇨제나 지혈제로 쓰며 임질 치료에 사용하기도 한다. 뿌리를 볶아서 가루를 낸 것은 독사 등에 물린 상처

산일엽일엽초 작품

에 사용하면 해독 효과가 좋다. 민간요법에서는 차로 이용하며, 항암 효과와 항산화와 면역 등에 좋은 것으로 알려져 있다.

그림에서 보는 석부작은 큰우단일엽초를 분주하여 토탄으로 자연석에 바른 다음 접착재를 사용하여 착생해 놓고 이끼를 붙이며 마무리한 것이다. 처음부터 풍성하게 많이 붙이는 것보다는 여백을 만들어 가며 심는 것이 좋다. 통기성이 좋을 때 새 촉수가 나오기 좋은 조건이기 때문이다. 자리를 잡으면 번식도 잘 되며 시각적인 효과도 좋아 반려식물로서도 장점이 많은 식물이다. 우선 집안의 공기 정화는 물론이며 미세먼지 제거에도 크게 기여하는 식물이며 특히 우울증 환자분이나 외로움 해소에 좋은 식물이다.

반 그늘에서 키우며 물주기를 게을리 하지 않으면 어느 집에서든 잘 살 수 있어 석부작이나 목부작으로 연출하여 키우면 좋다.

누운향나무 소품 석부작

누운향나무는 일조량이 많은 양지가 좋으며 건조한 사질토에 적응을 잘 한다. 척박한 곳에서도 잘 자라지만 배수가 잘되며 부식질이 많은 비옥한 사질토양이 좋다.

분갈이 시기는 한여름과 한겨울을 제외한 언제든지 가능하다. 나무는 지상부보다 뿌리의 발육이 나쁜 편이므로 잔뿌리를 잘 관리하는 것이 좋다. 석부작을 연출할 때는 토양이 가장 중요하다. 저자가 연출한 석부작에 사용한 토양은 토탄이며 식재할 때는 질퍽하게 물에 담가 불린 다음 뿌리사이 사이에 잘 넣어가며 식재한다.

나무의 석질로 보아 전지를 하지 않아도 아래로 누워 가며 크는 식물이라 시각적인 효과에서도 어느 식물과 비교를 해도 뒤지지 않는다.

누운향나무 석부작

수형을 잡아가며 철사걸이 등으로 미적인 균형미를 유지하도록 한다. 거름은 액 비를 주는 것으로 추천하며 집안에서 관상할 때는 베란다의 일조량이 가장 좋은 곳에 두고 키우는 것이 좋다.

축경 초물 분경 석부작

기상천외한 자연 경관에 놀라고 그곳에 생명이 살아 숨 쉬고 있다는 사실에 또 한 번 놀란다. 동화 속에서나 봄 직한 신의 손으로 빚은 오묘한 괴석 앞에 심장의 박동은 빨라진다. 하늘을 찌를 듯 높은 기상과 보는 곳곳마다 탄성을 자아내게 하는 변화무상한 돌 한 점은 저자를 흥분의 도가니에 빠트리기에 충분하다.

자연의 숨소리가 들려옴직한 깊은 계곡하며 이름 모를 생명들이 살아있을 것 같은 경관 그 신비감에 도취 되어 석부작을 연출하므로 작은 축경을 탄생시켜 보기로 하자. 모든 생명체는 조화가 잘 맞아야 공존의 관계로 성립될 것이다. 자연을 주제로 하는 취미인이나 전문가라

축경 초물경 석부작

하더라도 특히 살아있는 식물을 주제로 하는 작품이라면 자연을 배려하는 입장에서 해야 될 것이다.

인간의 입장에서 작품을 한다면 결코 성공하지 못할 것이다. 돌의 형상은 여러 가지로 분리되어 형의 이름이 있다. 저자가 연출한 작품은 동굴에서 자라는 종류석이다. 습도가 머금을 수 없는 단점이 있기 때문에 특성상 양치류만을 선정해 착생하기로 한 것이다.

우선 일엽초와 석곡, 풍난, 고란초, 넉줄고사리. 창석위, 고사리류를 선정하여 한 가지씩 구도를 잡아 붙여 나가며 여백을 잘 처리하고 조화롭게 마무리한다. 상생 관계를 보면 신비함이 배어 있지만 자연의 법칙에서는 하나를 이겨야 하나가 살아남는 치열한 싸움과 경쟁을 한다. 따라서 적절한 식물을 선정하여 조화롭도록 배식하는 것이 좋다.

무엇보다 작품에서는 여백의 미가 있어야 많은 이의 시선을 사로잡을 것이며 완성도가 높다 할 수 있다. 욕심을 내다보면 여백이 없이 복잡하게 많이 붙여 조잡하고 답답하게 하는 것이 있으며 또 너무 적게 붙여 허접하게 보이는 경우가 있으므로 지속적인 경험을 쌓아 나가다 보면 수준 높은 작품으로 완성미가 높아진다.

　자연의 산지를 연구하고 분석한 경험을 토대로 주변 식물과 공생하는 식물을 조화롭게 배식하는 것이 중요한 일이다. 온전히 자연의 법칙에 순응하며 살아가는 미물에서 인간은 무엇을 배우는가? 답을 하는 이가 없을 것이다. 아마도 조금씩 철이 드는 것이 아닌가 한다. 작품을 완성하여 바라보는 순간만은 말이다.

평석 초물 분경 석부작

　인간에게 있어 자연은 스승이다. 그러므로 우리 인간은 자연을 아끼고 사랑하는 마음을 가져야 할 것이며 고마움을 느껴야 한다.

　집안에서 반려식물로 키우기 좋은 식물과 방법은 다양한데 그 중 석

평석 초물경 석부작

부작은 자연의 오묘함을 더욱 느끼게 되는 것이다. 우선 평편하고 적당한 크기의 돌을 골라 준비한 다음 관솔을 잘 다듬질하여 놓고 식물은 좀마삭, 황금고사리, 붓꽃, 투구꽃, 이끼 등을 준비하고 식물과 돌과 고사목을 고정할 강력접착제를 준비한다. 다음은 준비한 돌의 뒤편에 고사목인 관솔을 고정한다. 다음은 고정한 관솔 주변에 좀마삭을 식재하여 관솔에 감아올리도록 한다.

선의 아름다운 미를 고려하여 키가 큰 식물로 투구꽃을 관솔주변에 심어주고 붓꽃을 배열하여 심은 뒤 황금고사리를 섬 경을 연상할 수 있도록 푸짐하게 식재한다. 마지막으로 토탄이 흘러내리지 않도록 이끼를 접착제를 사용하여 마무리한다.

다 되었으면 통기성이 좋은 반 그늘에 두고 물주기를 충실히 하며 관리하다 15일 후에 점차 일조량이 좋은 곳으로 옮겨가며 관리를 하면 기대 이상의 좋은 결과를 맛보게 될 것이며 아름다운 선과 미가 물씬 풍기는 작품으로 발전할 것이다.

입석 초물 분경 석부작

다가설 수 없는 무한한 상상의 세계는 끝이 어디인가?

자신의 존재감을 느끼는 현실 앞에 갈구하는 것은 모험이다. 인간은 모험을 좋아하며 모험을 하기 위해 산다고 해도 과언이 아니다. 그러기에 인간이 오를 수 없을 것 같은 높은 산도 목숨을 담보로 하며까지 오르려 하는 것이다. 그것은 본인의 성취감을 느끼기 위함이 아니겠는가. 무슨 일이든 보아주는 사람이 존재할 때 가능한 것이며 보아주는 사람, 알아주는 사람이 없으면 모험을 하는 사람은 한 사람도 없을 것이다. 일상생활 속에서 본인의 의식주만 해결되면 별 움직임 없이 무기

입석 초물경 석부작

력한 삶을 살며 취미생활은 더욱 하지 않을 것이다. 그래서 인간은 더불어 가는 세상을 만들어 공동체 생활을 하며 다양한 여가 생활이 생겨나고 본인의 성향에 맞은 취미생활을 하려 하는 것이다. 야생화 석부작을 취미생활 하는 사람이 많아지며 전문점까지 생겨나는 현실에서 몇 가지 짚어보고 싶은 것이 있다.

  물론 취미생활은 본인의 성향대로 하는 것이 맞다 할 수 있겠으나 최소한 기본과 원리를 알고 하는 것이 바람직하며 무엇보다 책임감이 있어야 할 것이다.

　석부작의 가장 큰 비중을 차지하는 기본 소재는 돌이라 할 수 있을 것이다. 돌은 하나로 이루어진 원석과 여러 개의 돌을 이어 붙여 만드는 방법이 있는데, 하나로 만들어진 원석은 구하기가 어려우며 가격도 비싸므로 초심자들이 즐기는 목적으로 만드는 석부작은 여러 개의 돌을 이어 붙여 만드는 예가 많이 있다. 이때 주의할 점은 돌과 돌 사이를 이어 붙이기 할 때 세밀하게 작업을 하여 완벽하게 붙여야 영구적으로 소장하며 즐길 수가 있을 것이다.

　이어 붙여 만드는 돌은 본인의 의도대로 만들 수 있다는 장점이 있으나 하나로 독립된 돌과 비교될 수는 없다. 그러나 독립된 돌보다 더 변화무쌍하게 만들 수 있다는 장점을 살려 돌의 비틀림과 곡이 많이 들어가게 하여 시각적 관상 가치는 높일 수는 있다. 15cm 안팎의 돌 여러 개를 이어 붙여 멋진 입석을 만들어 놓고 식물을 착생하는 데 있어 흙을 너무 많이 붙여 울퉁불퉁 튀어나오는 것은 이미 멋을 가진 작품과는 멀어지는 것이다.

　될 수 있는 대로 적은 흙을 사용하여 근실하게 키우는 기법을 써야 할 것이다. 높은 곳일수록 작은 나무를 심어 돌산의 적막감을 높여주고 아래로 내려오며 넉줄고사리, 콩짜개. 쇠뿔석위 등으로 절벽의 신비감을 드러낼 수 있도록 하였다. 맨 아래쪽에는 들판의 지피식물을 연상하도록 황금고사리, 매발톱 등으로 식재하여 평온함을 느끼게 때문에 전체의 구도와 미적인 아름다운 선을 살린 것이다. 오랜 세월의 흐름은 연륜을 말이라도 하려는지 자연적으로 이끼가 생겨나며 고태미가 물씬 나는 것이 눈을 뗄 수가 없다.

관통석 초물 분경 석부작

수려한 산세를 자아내며 많은 이야기를 만들어 복이 들어올 것 같은 원석, 시원하게 뚫린 관통 사이로 물줄기가 내면 깊은 곳에서 뿜어 나올 듯 심오함을 더해주는 현모암은 억겁의 세월을 말하려는 듯하다. 본래 수석 애호가들 사이에서도 관통석은 행운을 가져다주는 행운석이라 하여 선호도가 높은 돌이기도 하며 석부작을 할 만한 소재를 만난 것 자체가 행운이라 할 수 있다.

관통석 석부작

석부작 연출하는 구도로는 아스라이 높은 오른쪽 칠부능선에 풍란을 붙이고 전면 바위틈에 쇠뿔석위를 착생때문에 오묘함을 더하게 하였다. 왼쪽으로 애기자금우를 굴식하여 풍요로움과 온화함을 주며 아래쪽으로 우단일엽과 고란초를 착생하여 선의 연결성을 이어주는 연출을 하여 구도를 잡았다. 뒤쪽으로는 바위떡풀과 오른쪽 앞으로는 쇠뿔석위와 개부처손을 착생하여 사계절을 표현한 작품이다.

부석 초물 분경 석부작

자연의 조화를 어찌 경이롭다 하지 않을 수가 있을까. 인간이 오르지 못할 것 같은 우람한 기상에 바라보는 것만으로도 답답한 가슴이 시원해진다. 예술적인 선과 구도가 인간의 욕구를 충족하게 하는 묘한 마력을 가진 것은 아닌가 하며 작품 연구에 몰두한다.

저자는 야생초 분경 석부작과 인연이 되어 걸어온 길이 어언 30년이

부석 초물경 석부작

  라는 세월이 지나고 있다. 지난날을 회상하며 많은 시행착오를 겪으며 완성도를 높이기 위해 무던히도 노력하며 쌓아온 경험과 연구 결과를 집필하며 회한에 잠겨 보기도 한다. 입문한 초년 시절의 오만함과 교만한 과정을 자연에서 성숙하게 하고 자연에서 익어가며 순응하는 자연의 법칙을 조금씩 깨우치며 철이 들어간다. 요즘은 자연 앞에 늘 조아려지는 것을 보면 자연에 승복하는 겸손함을 조금씩 배워 나가는 것이 아닐까 한다.

  지난 어느 날 저자의 여행 중 울산에 있는 태화강 줄기에 우뚝 서 있는 선바위를 보며 자연의 오묘함에 심장이 멎을 것 같은 감동을 하였다. 작업실에 돌아와 태화강 선바위를 생각하며 만들어낸 것이 위 작품이다.

하나의 석 산으로 구성된 섬 경으로 연출하기 위해 검양옻나무를 조화롭게 착생하였으며 우단일엽을 요소요소에 착생하여 신비감을 더하게 하였고 황금고사리와 창포를 적절하게 착생하여 완성미를 높였다. 흐름을 자연스럽게 표현한 것이다.

입석 분경 석부작

자연은 보이지 않게 상대를 배려하는 인성교육까지 가르치는 스승이다. 배려하고 이해하고 순응하며 사는 법을 깨우치며 인성이 진화되어가는 것을 느낀다. 자연의 위대한 힘을 자연스럽게 받아들이는 것이다.

야생화 석부작은 정서가 메마른 폐쇄적인 공간에 활력을 불어넣어 주는 중요한 역할을 한다. 푸른 잎이 있어 생동감을 주고 꽃이 있어 화려함을 주는 우리 민속식물은 그 값어치가 인정된다 할 수 있다.

분경은 분 안에 돌과 식물을 연출하여 즐기는 자연 축경이라 할 수 있는데, 이는 구도가 가장 중요시된다. 자연석의 크기와 분의 크기가 맞지 않을 때 시각적인 거부감이 날 것이다. 구도가 맞았다 싶은 분과 돌을 준비하였으면 분 안에 돌을 고정하도록 에폭시나 강력접착제를 사용하여 붙인다.

다음은 식물을 착생하는 데

돌단풍 각엽진산 분경 석부작

좌우 대칭을 두고 오른쪽에 각엽진산을 절벽 바위틈에 자생하는 모습으로 보이도록 착생한다. 이때 절벽에는 식물을 착생하기 어려우므로 철사를 고정하여 잡아 매주는 방법을 사용하면 영구적으로 키울 수가 있을 것이다.

오른쪽에는 돌단풍을 착생하되 자연에서의 군락지를 연상할 수 있도록 풍성하게 붙이는데 흙을 많이 쓰는 것은 바람직하지 않다. 이유는, 석부작이나 분경에서는 자연에서처럼 크는 것은 감상가치가 떨어지기 때문에 돌 위에 생강근만 붙여 놓고 이끼 정도로 습도가 유지될 수 있도록 하는 것이 식물이 살아가는 데 적합한 방법이다.

분 안에는 벽돌색의 송이석으로 깔아 정열적인 생동감을 높이도록 하였다.

관리 방법으로는 연출한 뒤 통기성이 좋은 반 그늘에서 약 15일 정도 물주기를 게을리 하지 않도록 하며, 점차 햇볕이 많이 드는 곳으로 이동하며 적응 능력이 향상하도록 한다. 위 작품은 15년이 넘은 작품이다.

단석 풍란 석부장

석부작을 시작하는 초심자는 돌의 형과 구도를 기본으로 알아둘 필요가 있다. 수석을 하는 애호가들 사이에서는 집안에 들여놓지 않는 흉석으로 분류되는 것이 있으므로 알아두면 취미생활하는 데 있어 도움이 되며 시행착오를 줄일 것이다. 위 돌은 단석으로 자연에서 절단되어 오랜 세월을 굴러다니며 자연 마모가 되어 대패로 깎아 놓은 듯한 초코석 단양 석이다. 단조로워 보이며 평온함을 느끼도록 풍란을 왼쪽 뒤편으로 착생하여 아스라이 먼 느낌이 나도록 하였다.

단석 풍란 석부작

평석 섬경 석부작

　자연이 주는 메시지를 현실감 있게 받아들이는 사람은 과연 얼마나 될까? 광활한 대자연의 경관을 바라볼 때 탄성이 절로 나오는 것은 너나 할 것이 없다. 첨단의 과학을 울부짖는 사이 자연을 바라보는 인간의 감수성은 말라 굶주린 걸인과도 같다.

　그러면서도 늘 때가 되면 경치 좋은 고향이나 시골로 가 전원생활을 하겠다는 꿈을 꾸는 사람이 대부분이다. 그것은 분명히 자연의 신비감은 물론이고 자연 없이는 살 수 없다는 것을 본능적으로 알고 있는 것이다. 시간을 내어 취미생활을 하며 경치 좋은 산천초목을 찾아다니는

평석 섬경 석부작

것은 그런 이유에서다. 그런 경관의 풍경을 집안에서 즐기며 대리만족할 수 있는 것이 석부작이라 할 수 있다.

우선 본인이 원하는 평석을 선정하여 준비한다. 식물은 각엽진산을 식재한 것인데 적어도 분 안에서 1년 이상 적응한 것으로 팔방근 뿌리가 튼실한 것을 고르는 것이 좋다. 작은 야산의 군락지를 연상하며 식재를 한다.

이때 주의할 점은 너무 많이 심어 통기성이 떨어진다든가 하면 실패의 원인이 될 수 있으므로 적절한 간격을 유지하며 식재하는 것이 가장 좋은 방법이다.

들녘에 있는 작은 동산이나 작은 섬경을 모델로 하여 단일 품종 선정으로 군락지를 이룬 석부작을 연출하여 풍성함과 계절의 변화를 감상하는 것이 좋다.

평원석 석부작

자연 경관을 넓고 길게 펼쳐지는 평원의 저편 끝자락에 아스라이 보이는 언덕이나 잔잔히 흐르는 물줄기가 연상됨으로 평원석에 석부작을 연출하여 즐기는 데있어 중요한 것은 원근감이 잘 표현될 때 그 흥취를

평원석 초물경작

더할 것이다.

  수많은 세월을 비바람에 파여 움푹움푹 파인 곳이 자연미를 실감 나게 한다. 평야와 산기슭과 자연스러운 흐름이 있어야 그 대칭이 이루어진다. 석부작에 있어 무엇보다 중요시되는 것은 식재하는 방법과 구도 잡는 방법을 많은 연구과제로 생각해야 할 것이다. 작품을 하며 특히 맥이 끊어져 보이는 것은 금물이다. 때문에 요철 되어 있는 곳과 패인 곳을 잘 살려주므로 자연의 신비감을 더욱 현실감 있게 표현한다.

  위 작품은 자연석의 크기가 약 70cm 정도 된다. 중심을 나누어 높낮이의 기폭을 살려 뒤편으로 각엽진산을 심어 군락지의 풍요로움과 여유로움을 극대화하였으며 꽃이 필 때의 화려함 때문에 이중적인 자연미를 유도한 것이다.

  왼쪽 단이 형성된 중간 부위에는 돌단풍을 식재하여 조화롭도록 하였으며 초봄에 밀어내는 꽃으로 지루하고 긴 겨울에서 잠을 깨어 봄의 생동감을 자아내도록 하였다. 간간이 벼랑 끝에 잡초로 연상할 수 있도록 황금고사리를 식재하여 자연미를 더욱 돋보이도록 하였다.

기상석 석부작

  우리는 늘 새로운 세계를 찾아 도전하며 연구하는 관습적인 사고방식을 가지고 살아가며 가능성을 전제로 끊임없는 도전을 하는 것이다. 사람이 산을 오르기 전에는 늘 아득한 정상에 어떻게 올라갈까 하며 두려움에 망설이고 포기하려 하지만, 막상 도전하여 올라가 정상에 서면 그 희열감은 말로 표현할 수 없는 기쁨을 만끽할 것이다. 힘을 상징하는 기상석은 수석 애호가 중에서도 선호도가 높은 것으로 꼽는다

기상석 풍란 석부작

할 수 있으며 석부작을 소장하는 애호가들 사이에서도 입석경은 인기종으로 꼭 소장하고자 하는 경향이 많다.

기상석이야말로 선이 중요시된다. 입석경으로 좋은 돌은 너무 빈약하여 홀쭉하든가 너무 두꺼워 미련스럽게 보여서도 안 된다. 높이와 두께가 비례되는 돌로서 선의 흐름이 좋아야 하며 무엇보다 힘이 있어 보일 때 가장 좋은 작품이라 할 수 있다.

흑산도돌 원산 분경 석부작

수많은 세월의 흐름을 상징이라도 하려는 듯 비바람을 맞으며 견디어 온 흔적을 고스란히 가지고 있는 듯하다. 돌의 피부를 보아도 역경의 세월을 모질게 견뎌온 풍치가 저절로 드러나 보이며 신비감과 정숙함마저 드러내 보이는 듯하다. 고태미가 물씬 풍기는 자연 경관은 가히 절해 절경이다.

긴 세월의 풍화작용에 끈질기게 버텨온 석산의 변화무상함은 완숙한 깊이와 오묘한 경지에 도달한 고색창연의 멋과 아취(雅趣)가 흐르는 석부작의 참된 가치를 발산하게 되는 것이다. 물론 자연에서는 석부작과 달리 한눈에 보이지 않기 때문에 느끼는 감정이 다를 수도 있을 것이다.

　석부작을 연출하며 자연 경관을 그대로 옮겨 놓을 수는 없으나 더욱 정교하고 아름답게 본인의 의도대로 할 수 있다는 장점이 있다. 깊은 계곡을 만들고 동굴을 만들어 음산한 분위기와 시원한 경치를 연출할 수가 있으며, 기기묘묘한 천태만상의 산형을 만들어 세상에 하나밖에 없는 석부작을 소장할 수 있다는 장점이 있어 도전해볼 만한 가치가 충분하다.

　처음 도전하는 초심자는 전문가의 기술을 전수받거나 충분한 연구 과정을 거쳐 도전할 때 시행착오를 줄여 중도하차하는 일이 없을 것이고, 작품의 완성도를 높이는 데 좋은 결과가 있을 것이다.

　위 작품은 흑산도 돌 여러 개를 조합하여 만든 작품이다. 흑산도 돌은 구하기가 어려우며 작업 과정도 어렵고 구상력과 창의력도 뒷받침되어야 하는 단점이 있어 간단하게 생각하고 도전하는 것은 그물이다. 그러나 충분한 준비과정을 거쳐 치밀하게 도전한다면 완성된 후 그 희열감은 가히 말하지 않아도 될듯하다.

　작은 돌을 여러 개 조합하여 만들 때는 반드시 식물 심을 자리를 잘 만드는 것이 영구적인 방법이라 할 수 있다. 속이 비어야 흙으로 채워져 식물이 영구적으로 살 수 있다는 이야기다. 분화나 분경과 달리 석부작에서는 분갈이를 할 수 없으므로 흙에 많은 비중을 두고 시작할 때 성공이라는 결과를 맛보게 되는 것이다.

　때문에 석부작의 속은 빈 곳이 많을수록 흙이 많이 들어가게 하는 방법이 숨은 비밀이라 할 수 있는데 그 방법이 고도의 기술이라 할 수 있다. 돌과 돌 사이를 이어 붙이는 과정에서도 정교하고 치밀하게 붙여야 반영구적으로 소장하며 즐기는 데 이상이 없을 것이다.

흑산도돌 원산경 석부작

　식물을 심을 때도 마찬가지다. 흑산도 돌이라는 점을 고려하여 키가 작고 이파리가 작은 식물을 선정하는 것도 멋스러운 작품을 만드는 비결이라 할 수 있다.
　마치 유람선을 타고 흑산도 섬을 유람하며 비경을 바라보는 듯한 착각에 빠질 수 있도록 세심하게 연출하는 것이다. 욕심을 부려 너무 많은 식물을 덕지덕지 심어 놓는 것은 금물이며, 바다에 떠 있는 섬을 연상하며 연출하는 것이 가장 멋진 작품이 될 것이다.
　석부작의 기본은 수석의 종류와 감상법을 알아야 한다.
　수석 애호가들이 자연에서 가장 존중하고 소중하게 여겨야 하는 기기묘묘한 형상을 한 돌로서 산수경은 수석의 이상이며 수석의 주종을 이룬다. 자연석에서 의미는 어떤 경석(景石)이든 원산(遠山)이 아닌 것이 없을 것이며 모든 산수경은 원산석(遠山石)이라 할 수 있다.
　우리 주변에 가까이 접해 있는 산수경석이라면 인간이 알 수 없는 자연의 세부적인 표현을 요구하므로 신의 손으로 빚어낸 오묘함을 지닌 수석에서의 근산석(近山石)은 없을 것이다. 지구에 모든 산경의 이상

흑산도돌 초물경작품

경(理想景)은 한계가 없을 것이며, 무한한 상상을 유발해 기본을 정점으로 시작하여 균형미를 표출한 미학적인 것을 찾아내야만 만족할 것으로 본다.

수석 동호인이 추구하는 형상의 돌은 다양하다. 질과 경, 색, 형, 구도, 미적과 정감이 가는 완벽한 돌을 찾아 헤매는데 그러면 돌의 형은 어떤 것이 있는지 알아보자.

① 원산석(遠山石)

아득하게 멀리 보이는 산경으로서 하나의 산세를 의미하며 기폭이 뚜렷하게 드러나 있는 것으로 먼 곳과 가까운 곳을 측정할 수 있도록 원근감과 심미안을 기르는 것을 말하며 밑자리가 편안하고 거부감이 들지 않아야 한다.

고무줄을 당겼다 놓았다 하듯 원근감을 느끼며 자유로이 측정하여 감상할 수 있을 때 장엄하고 심원한 대자연이 실감 나고, 무한한 상상력을 동원할 수 있을 때 시정(詩情)적인 풍류가 흐르고 번뇌의 무아지경에 빠져들게 되는 것이다. 산형의 모양을 말한다면 단봉형, 쌍봉형, 연봉형, 겹봉형 등으로 이루어져 있으며 그 안에서도 세분된다.

단봉형(單峰形) 수석에서 의미하는 단봉형은 완만한 봉우리가 하나로 이루어져 있으며 비교적 단조로우며 모나지 않은 산형을 말한다. 비록 하나의 봉우리로 이루어져 있는 산형이라곤 하나 그 안에 심미안의 작은 우주가 들어있는 형상으로 좌우의 변화가 좋으며 전 후방이 풍부하고 여성의 치마폭처럼 유연하게 뻗어 내린 자태가 성스럽고 고아한 품위를 간직한대자연의 정경을 드러낼 수 있는 형상을 말한다.

쌍봉형(雙峰形) 마주보는 두 개의 봉우리가 솟아 있는 산형으로 음과 양의 미학적인 면모를 갖춘 한쪽은 남성스럽고 한쪽은 여성스러운 주봉과 부봉이 조화롭게 위치하며 동질성을 가진다.

주봉에서는 남성적인 양으로 본다면 다소 거칠고 풍화작용과 수마 상태가 자연스럽게 이질감을 나타내는 것이 이상적이다. 반면에 한쪽의 부봉에서는 여성적인 음으로 보면 맞을 것이며 매끄럽고 부드러운 피부와 힘의 대비와 균형 잡힌 조화가 있을 때 아취가 물씬 풍겨 나올 것이다.

남성과 여성, 아비와 자식, 하늘과 땅, 달과 해, 새와 물고기 등 음과 양의 조화로움은 생명체가 살아가는 데 있어 신의 계시가 있을 때 가능한 것이 아닌가 한다. 무한한 자연 속에 비밀스럽도록 많은 이야기가 숨겨져 있듯 신의 손으로 빚은 자연의 신비감은 영원한 숙제를 풀어야 할 것이다.

연봉형(連峯形) 완벽을 추구하는 만물의 영장인 대자연 속에 전형적인 원산 형으로 수석 애호가들이 가장 소장하고 싶어 하는 돌이라 해도 과언이 아닐 것이다. 귀한 몸값을 지닌 돌이니만큼 만나기가 좀처럼 어려운 경석(景石)이다.

주봉을 중심으로 자연의 극치를 이룬 산맥이 조화를 이루며 동반한 자태는 무한한 변화와 경들이 심원한 비경을 연상케 하며, 산맥이 겹겹이 둘러쳐진 검봉형(劍峰形)으로 날카롭고 험준한 산세를 나타내며 협곡으로 많은 상상력을 자아내게 하는 조화력을 가져 보는 방향에 따라 정반대로 표현된다.

겹봉형(峽峰形) 산 넘어 산, 겹겹이 맥을 이어 흐르는 형상으로 산세가 험준하고 전설적인 이야기가 무궁무진할 것 같은 비경의 연속이 자행된다. 산천 초목을 넘나들며 인간에 있어 무한한 호기심을 발동하게 하며 수석인들에게 있어 마음 설레게 하는 돌이라 할 수 있다. 겹겹이 봉으로 이루어져 원근감과 기폭이 뚜렷한 겹봉형 돌은 많은 상상력을 불러일으키게 하는 비밀을 가진 돌이다.

② 평원석

평원형(平原形) 지평선을 연상케 하는 평원의 아늑한 먼 곳에 언덕이나 산기슭을 그림처럼 표현된 평원석. 그 돌의 장점은 원근감과 기폭이 뛰어나야만 애호가들의 마음을 사로잡을 것이며 흥취를 더하고 황홀경에 취하게 할 것이다. 보통은 단석에서도 이런 정취를 느끼기도 하지만 분명한 것은 평원석과 단석의 본질이 달라 평원석과 단석의 차이를 분별하는 지혜를 가져야 할 것이다.

토파형(土坡形) 위에서 말한 평원석이 광활한 대지를 연상케 한다면 토파형에서는 규모도 작고 만만한 뒷동산이나 작은 언덕으로 고향의 정취가 배어나는 형상이라 하면 맞을 것이다.

③ 폭포석

폭포석하면 생각나는 것이 신선이나 선녀가 연상될 것이다. 심심산골 깊은 골짜기에서 물줄기가 힘차게 내리며 인간에게 탄성을 자아내게 한다. 그러므로 수석 애호가들은 석영이 박힌 폭포석을 갈구하는 것이다. 그럼에도 좀처럼 만나기 어려우므로 방해석(方解石)또는 석회석(石灰石)이 박힌 것으로 대신하는 것이다.

그 종류로는 단폭형(單瀑形), 쌍폭형(雙瀑形), 계류형(溪流形)이 있으며, 폭포석은 자연경(自然景)에 따라 건폭(乾瀑) 등으로 분류된다. 그러나 석면(石面)에 석영 등이 박혀 있다 하여 무조건 폭포석으로 단정 지을 수 없으며 흐르는 방향에 따라 그 해석이 다르게 표현된다.

④ 추상석(抽象石)

추상석이라는 용어 자체가 의미를 부여하는 말이다. 자연의 변화 속에 안정과 균형을 이루어 보는 시각에 따라 무한한 상상력을 유발하도록 한다. 사실적인 표현이 아니라 추상적인 표현이라면 의미 진지한 내면의 세계를 볼 수 있을 것이며 심미상 잠재해 있는 차원 높은 돌이라 할 수 있으며 마음속에 구전심수(口傳心授)라 할 수 있을 것이다.

⑤ 호수석

호수형(湖水形) 고뇌의 아픔을 견디며 수억만 년의 비바람을 몸으로 받아 패인 웅덩이가 심신산골 작은 호수를 연상하게 하는 수마가 잘된 보석 같은 자연경을 만들어낸 돌이라 할 수 있다. 이는 많은 수석 애호가들의 사랑을 받는 선호도가 높은 돌이며 그 몸값 역시 높다. 수반 위에 잘 연출하여 물치기를 하며 하루의 피로를 푸는 애호가들은 잔잔한 호수가에 앉아 한 수의 시를 읊는 착각에 빠져 심미안에 취하기도 한다. 호수석은 돌과 물의 만남으로 음과 양의 효율성을 가장 잘 표현한 것이라고도 할 수 있다.

⑥ 기상석

하늘을 찌를 듯한 기상석은 누구든 보는 순간 그 기상에 반하여 탄성을 자아내게 하는 남성미를 물씬 풍긴다. 입석이라 불리기도 하는 기상석은 애호가들에게 있어 가장 사랑받는 돌이라 할 수 있으며 그 몸값 또한 한몫을 한다. 힘을 상징하는 자연의 조화로움 앞에 그저 신비함을 부여잡고 애무라도 하고 싶은 기상석을 집안에 한 점 정도 소장하고 즐거이 감상하는 것만으로도 많은 위안을 받을 것이다.

⑦ 처마석

처마석이라 하는 돌은 마치 한옥의 추녀를 연상하면 좋을 듯 하다. 어머니 품속처럼 아늑하며 타인의 보호를 받을 수 있는 분위기와 그 아래 쉼을 할 수 있는 마음이 들도록 하는 형상의 돌을 말하는 것인데 이런 돌을 접하는 것만으로도 행운이 아닐까 한다.

흑산도 돌 석부작

모진 풍파의 고난을 온몸으로 받아내고 수천만 년 태고의 아픔도 견뎌온 세월의 흔적은 참으로 경이롭다. 비록 살갗은 헤지고 산산이 부서진 뼈 조각을 모아 맞추어 놓은 듯한 주름진 석산에서 내품는 기는 보는 이로 하여금 누구 하나 감탄하지 않는 사람이 없으니 가히 명산축경이다.

이 분경 석부작은 흑산도 돌이며 손가락만 한 돌에서 손가락 두세 개

흑산도돌 석부작

정도 되는 돌을 조합하여 만든 작품이다. 좌청룡 우백호를 따지고 혈을 따지며 명당자리를 따지듯 작품에서도 그런 기백이 있어야 명석이라 할 수 있을 것이다. 비록 거대한 자연 경관을 축소한 경석이지만 대자연으로 확대하여 볼 줄 알아야 한다. 반면에 이런 골석에 알맞은 식물 선정이 중요하며 식재하는 흙이 영구적인 토양이어야 한다는 것이다. 분화로 키우는 것과 달리 석부작은 분갈이를 할 수가 없기 때문이다.

저자가 사용하는 토양은 토탄을 사용하며 인산 가리나 숯가루, 혈분 등을 활용한다. 식물은 현장감을 더 주기 위해서는 고태미가 물씬 나도록 하며 많이 크는 식물을 삼가는 것이 바람직하다. 본인이 좋아하는 식물을 선정하는 것보다는 이 석경과 어울리며 집안의 환경과 맞는 식물을 선정하는 것을 우선시해야 할 것이다. 이 작품에 활용된 식물은 장수매와 각엽진산을 활용하였으며 잡초를 연상하기 위해 황금 고사리를 활용하여 앙상한 돌과 매치가 잘 되도록 한 것이 큰 장점이다. 즉 해풍에 찌들어 나무가 크지 못하는 것과 연상하며 연출한 것이다.

흑산도 돌 고사리류 분경 석부작

자연의 위대함을 가장 현실감 있게 실감하는 것은 바로 인간일 것이다. 그럼으로 아름다운 자연 경관을 찾아 산으로 들로 바다로 강으로 풍류를 즐기려는 것이다. 흑산도에서 홍도로 가는 뱃길에 눈을 뗄 수 없는 비경에 탄성을 자아내는 자연 경관에 숙연함마저 드는 곳이 마음을 사로잡아 온몸에 전율이 흐르는 것을 느낀다. 그런 자연 경관에 매료되다 보면 집안에서도 즐기고 싶은 마음은 늘 가질 것으로 본다. 지금은 흑산도 돌을 구할 수 없지만 옛날에는 드물게나마 구할 수가 있었다.

　흑산도 돌을 조합하여 작품을 만들어 즐겨보기로 하자. 흑산도 돌은 풍랑에 패이고 깎여 변화무상하나 작은 돌이라는 단점이 있기 때문에 여러 개의 돌을 조합하여 연출해야 하는 번거로움이 있으나 그 보람은 크다. 돌의 형상은 흑산도 산지의 섬 경을 모델로 하여 기상석인 촛대바위를 연출하고자 시도한 것이다.

　식물로는 황금고사리를 선정하여 직설적인 계절감을 잘 나타나게 하였으며 한 개체의 자생지로 강인함과 온화함을, 즉 음과 양을 표현한 것이다. 삼봉의 미를 부각하도록 하여 얕은 분 안에 고정하고 기상의 힘을 강조하여 기를 받을 수 있도록 하였으며, 부드럽고 섬세함을 표현하고자 지피식물로 고사리를 분 안에 심어 안정감을 주었다. 흙은 토탄을 사용하였으며 골분과 숯가루를 섞어 사용하였으며 분 안에는 제주도 송이석을 사용하였다.

흑산도 돌 작품

토탄은 늪지대에 자라는 갈대, 부들, 이끼, 기타 수생식물들이 매년 자라나 말라 죽는 것을 수천 년 동안 반복하여 바닥에 퇴적된 것으로 지형의 변경 등 자연조건의 변화로 지하수위가 낮아져 유기물만 매몰 집적된 것을 말한다. 이물질을 파 올려 미세한 흙 성분과 걸음 성분을 걸러낸 섬유질로 보습력이 매우 좋으며 생명토나 찰흙처럼 말라도 갈라지는 일이 없으며 통기성이 좋다. 석부작에 매우 적합한 흙이라 할 수 있으며 권장할 만하다.

골분과 숯가루는 반드시 발효가 잘된 것으로 혼합하여 쓰도록 할 것이며, 이끼는 가급적 쓰지 않는 것이 바람직하다. 관리 방법으로는 제주도에 자생하는 식물로 추위에 약하므로 겨울에 영하 2도 이하로 떨어지지 않도록 주의하는 것이 좋다. 장점으로는 단풍이 아주 예쁘고 좋으므로 관상 가치가 높다.

아름다운 단풍을 겨우내 즐기려면 7월 중순에 가위로 짧게 깎아주면 새로 나온 싹이 겨우내 곱게 단풍으로 물들어 있다 꽃 피는 봄이 오면 녹엽으로 돌아오는 희귀한 식물이다. 많은 작품을 연구하며 느끼는 것이지만 이 고사리는 석부작 연출에서는 감초 같은 존재라 할 수 있다.

폭포석 양치류 석부작

장엄한 자연을 바라보면 그 신비감에 도취하여 무아지경에 빠질 때가 있다. 절벽 높은 곳에서 떨어지는 폭포는 무한한 상상을 자아내게 하며 탄성이 절로 나오게 된다. 물은 생명체가 살아가는 데 있어 필수적이다. 저수지나 바닷물을 보면 감탄하게 되며 흥분하는 것은 우리 인간들의 원초적인 본능이다.

흑산도 돌과 고사리류 분경 석부작

    태초에 물로 생성된 생명체는 먹고 씻고 쓰는 물 외에도 보고 즐기려는 심리도 있다. 그만큼 물과 밀착된 관계이기 때문이다. 석부작에서도 산경과 폭포경이 있는데 폭포경에서 물이 흐르게 하는 것으로 거대한 자연의 경관을 집안으로 축소하여 보고 즐기며 대리만족하려 하는 것이다.

    작은 물소리에도 귀를 기울여 거대한 물줄기가 흐르는 착각에 빠져 보는 것 또한 흥미롭다. 석부작이나 분경을 만들며 주의할 점은 바로 구도가 잘 맞아야 한다는 것이다. 물이 흐르는 폭포가 돌의 정상에서 흐르게 한다든가 돌출된 부위에서 흐르게 하는 경우를 종종 보게 되는데, 그것은 잘못된 방법이라 할 수 있다. 자연을 역행하는 행위나 거스르는 행위는 금하는 것이 좋다.

우리가 어느 산이든 가보면 물 내리는 계곡이 있으며 낙차 하는 폭포를 보게 되는데 물이 흐르고 내리는 위치가 산 정상에서 시작하는 곳은 없다.

특히 폭포석은 물 내리는 위치의 구도가 잘 맞았을 때 인위적이며 거부감이 들지 않을 것이다. 물이 흐르는 곳이든 식물을 심는 곳이든 자연스러워야 한다는 뜻이다.

식물 선정은 물이 흐르는 수변에 비중을 두어 고사리류와 누운향나무를 심었으며, 철쭉을 심어 이질감이 나게 하였다.

폭포석 초물 분경 석부작

맹수가 먹이를 찾아 헤맨다면 사람은 새로운 세계의 신비함을 찾아 도전하며 헤맨다. 삶 자체가 새로운 것을 찾아 도전하는 것이 아니겠는가. 동물과 달리 무한한 상상의 세계를 꿈꾸며 현실로 실현하는 것 또한 사람이기에 가능한 것이다.

무한도전 앞에 굴복하지 않고 심혈을 기울일 때 주어지는 성공의 대가는 크다. 그 결과를 예측하는 것 또한 사람이기에 끊임없는 도전을 하며 시대적 문명 속에 살아가고 있는 것이라고 생각된다. 인간이기에 가능한 분경 석부작도 그 도전정신에서 나온 것이다. 눈 돌릴 틈도 없는 각박한 도심 속에 지쳐 있는 심신을 달래며 자연을 즐기는 방법을 찾아낸 것이다.

작은 분 안에 기묘한 산수경을 연출하여 기암절벽에 물이 흐르고 희귀 야생초가 자리 잡아 싱그러운 새싹이 돋아나며 꽃을 피워 생동감을 준다면 인간에게 절대적으로 필요한 동반자다. 도심 속 아파트 생활공간의 삭막한 환경을 자연미가 풍성한 분경을 들여놓고 거대한 자

양치류 폭포석

연의 풍류를 즐길 수 있는 장점이 있어 적극적으로 권장할 만하다.

　분경 석부작을 연출할 때 주의할 점은, 돌의 경과 구도가 가장 큰 비중을 차지하는데 변화가 좋은 돌로 밑자리가 좋은 돌을 골라 적절한 위치에서 물이 흐르도록 수중모터를 설치하여 거부감이 나지 않도록 정교하게 한다.

　다음은 토탄을 사용하여 칠부능선 뒤편에 물철쭉을 심어 절벽에 자생하는 고태미가 나게 하였으며 쇠뿔석위와 돌단풍, 황금고사리를 적절한 위치에 식재하였다. 상록으로 잎의 관상 가치가 높은 사스래피나무를 전면 물이 흐르는 주변에 심어 생동감을 주게 하였다.

물형석 석부작

　우리가 살아가는 우주 속에 다양각색의 신비감에 탄성이 나오는 것

162

집안에서 키우기만 해도 약이 되는 반려식물들 분경 석부작

폭포석 초물경 석부작

은 무궁무진하다. 그 중 하나로 한 점의 자연석이 주체가 되어 심오한 자연이 무심히 지난 세월 속에 형상화 된 조화의 묘를 감상하며 즐기는 것이다. 신의 영장물인 하나의 돌에서도 웅장하고 아름다운 대자연의 모습이 발견되며 베일에 쌓여 있던 신비감이 벗겨져 축경(縮景)의 오묘함에 빠져든다.

형상의 기이함과 천연으로 만들어진 자연만물의 형상이 각자의 진리를 발산하는 신비감이 경이롭다. 물형적인 교묘함이나 환상적인 추상미, 물형석은 대자연의 섭리에서 자력으로 빚어진 자연석을 말하는 것이다. 자연에서 빚어진 물형은 경정(景情)을 연상시켜 우리에게서 날로 멀어져가는 자연을 마음속에 담아 양식이 되어 풍요로운 정서를 가꾸어 가는 것이다. 또한, 실상을 닮은 형상을 즐기며 물형석의 형상에 정점을 표현하며 감상하고 합리적인 미의 표현을 추구하는 기하학적인 예술품에 온 것은 자연 그대로의 미(美)를 연상시켜 풍류(風流)의 경지로 빠져들기도 하는 것이다. 예로부터 인간은 자연을 가꾸고 배우며 성품을 다듬어 왔듯이 본래 석부작이 지닌 진정한 의미도 이와 같다고 하겠다. 자연과 혼연일체가 되어 대자연이 일깨워주는 신비와 진리를 터득하고 자연에 묻혀 살아온 것이 동양정신이다.

저자가 자연과 인연이 되어 흙은 만지고 돌을 만지며 민속식물과 동고동락하며 살아온 세월이 벌써 30여 년을 바라보고 있다. 지나온 세월을 뒤돌아보면 자연의 신비감과 오묘함에 동화되어 사지가 오그라들 정도로 기쁜 희열감에 빠져들 때가 많이 있었다. 자연의 원대함은 나를 조금씩 철을 들게 하였으며, 서로 사랑하며 함께 하는 법을 가르치는 스승인 것을 이제야 조금씩 알게 되었다.

자연이 빚어낸 사물을 어떤 사람이 어떤 관념으로 보느냐에 따라

물형석 석부작

많은 차이가 있을 것이다. 시골 논길을 지나가다 이름 모를 초라한 들꽃을 보고 감동하며 어찌할 줄 몰라 하는 사람이 있는가 하면 아무런 반응 없이 밟고 무심히 지나는 사람이 있을 것이며, 강가에 작은 돌멩이 하나를 주어 신비해 하며 어루만지는 사람이 있을 테고 아무런 감정이 없어 지나는 길에 오히려 불편하게 생각하는 사람이 있을 것이다.

그렇다. 어떤 사고방식을 가지고 살아가든 그것은 본인의 몫이다. 그렇지만, 어떻게 하면 사물을 아름답게 바라볼 수 있는가 고민하며 연구하는 자세도 세상 살아가는 데 있어 큰 원동력이 될 것이다. 위 작품은 만든 지 20여 년이 된 작품인데 두꺼비를 닮은꼴로 작품명을 복(福)이라 지었다. 연출하는 과정에서는 풀숲에서 두꺼비가 엉금엉금 기어 나오는 형상을 연상하여 만든 작품이다. 머리 쪽에는 두꺼비만의 특유의 무늬를 생각하며 솔방울 바위솔을 심어 이질감이 나도록 하였으며 몸 쪽으로는 싸리 철쭉과 황금고사리를 심어 자연 속 풀밭의 두꺼비를 보는 착각에 빠지도록 하였다.

바위경 석부작

사람은 늘 강한 척하며 살아가지만 그 내면은 어떤가? 사람의 시각으로 언뜻 보기엔 웅장하고 거대한 자연이라 하지만 요소요소를 잘 관찰하다 보면 여리디여려 애처로워 보이기까지 한 곳이 있는가 하면 수줍음이 가득한 곳, 슬퍼 보이는 곳, 장난끼가 있어 웃음이 절로 나오는 곳 등 다양한 표현을 발산하는 형상의 자연 앞에 우리 인간은 나약하기 그지없음에도 이를 인정하지 않으려 한다.

아무리 다가서도 거부하지 않는 자연 앞에 인간은 참으로 무기력한 반면에 이기적이고 교만하기 그지없다. 자연의 고마움을 너무 모른다는 것이다. 오래전으로 거슬러 올라가 보면 문인 묵객들이 일화를 남기고 그림으로 애석을 표현했던 것을 보면 오늘날에 있어 석부작을 예언이라도 한 듯하다.

무표정한 한 개의 돌에서 진리를 발견하고 미를 감수하는 정신을 민화나 고서화에서도 찾을 수 있듯이, 자연을 대하며 대자연의 섭리를 따르고 순응하며 평화로움을 얻었던 것이다. 자연을 집안에서 접하고 즐기려는 발상이 생김으로 차츰 신비로운 자연의 산수 경을 정원에 조성해 놓고 감상하며 즐기기 시작하다가 축경(縮景)의 경이로움이 발견되자 문명이 발달하여 현대에 이르러서는 삼라만상의 형상들이 응집되어 축소된 돌 한 점을 집안에 놓고 물을 치며 감상하기에 이른 것이다.

어느 때인가부터 수석을 감상하며 즐기던 문화에서 수석에 난과 초물을 붙여 감상하는 문화로 발전되어 석부작이 탄생하여 더 많은

집안에서 키우기만 해도 약이 되는 반려식물 풍경 석부작

바위경 석부작

생동감을 주며 신비감을 더해주는 오늘에 와서 석부작 문화가 자리 잡았다. 석부작을 만드는 돌이라 하여 수석에 못 미치는 돌로 한다는 선입견은 잘못된 생각이다. 수석에서는 경을 보기도 하지만 피질을 보는 경향이 많이 있다. 그러나 석부작에서는 자연의 오묘함을 다 표출시켜야 하는 부담감이 있기 때문에 무엇보다 돌의 경이 중요시 된다.

물론 석질 강도에서는 수석보다 뒤떨어지는 것이 식물을 착생하는 데는 적합하다 할 수 있으나 변화무상한 자연석에 초물을 착생하여 감상할 때 그 진가를 발휘한다. 괴석으로 앉은자리가 좋은 원산경 자연석을 준비하여 정상부위에 뒷면에 누운향나무를 심어 키워가며 앞으로 유도하여 휘감은 현애로 유도하였으며 백두산 좀 철쭉 등으로 적절한 자리에 포인트로 자리 잡아 식재하였다. 뒤쪽에는 넉줄고사리를 식재하였으며 황금고사리로 조화롭도록 식재한 뒤 바위떡풀 등으로 절벽의 아래쪽 풍요로움을 느낄 수 있도록 식재하였다.

병풍석 석부작

만고풍상 비바람에 파이고 깎여 주름진 바위를 보면 숙연한 생각이 든다. 고뇌의 아픔을 다 짊어진 듯한 주름진 사이사이마다 자리를 내어준 온화함에 풍요로움을 간직한 바위는 마치 신선이 그려 놓은 산수화 병풍을 펼쳐 놓은 듯하다. 보는 이의 시각에 따라 감상가치는 다를 수 있으나 감탄하는 것은 같다. 삼제미를 갖춘 자연석에 본인이 좋아하는 식물을 착생하여 관상하며 즐기는 방법은 그 어느 취미생활에도 비유할 수가 없을 것이다.

절벽 바위틈에 자생하는 돌단풍과 일엽초는 착생하고 꽝꽝나무를 위쪽에 심었으며 가문비나무를 한 주 심어 고태미가 더욱 나게 하는

병풍석 석부작

방법도 시도할 만하다. 뒤편으로는 장수매를 장생하여 원근감을 주고 주변에 애기모람을 착생하여 보드라운 여성미를 부각하도록 하였다. 수반에는 물을 채워 마치 바닷가에 솟아 있는 섬경으로 보이도록 하였으며 수생식물인 가래를 수반 위에 띄워 자연미를 더욱 강조하였다.

수문석 석부작

작품이 크다고 좋은 것만은 아니다. 작아도 그 안에 뚜렷한 형이 부여되어 있다면 소장하며 즐기는 데 충분한 가치가 있을 것이다.

이 돌은 작지만, 수문석으로 연출한 돌인데 저 멀리에서 돛을 단 배가 다가올 것 같은 상상을 하기에 부족함이 없으며, 식물 또한 빈약해 보이긴 하지만 크기와 안배가 잘 이루어진 작품이다. 수문석이라 함은 망망대해 바다 한가운데 있는 돌섬으로 터널이 형성된 것을 말하는데 바람 또한 많이 불 것이다 하여 그 장점을 살리기 위해 바람 부는 한

소품 초물경작

쪽은 식물을 착생하지 않고 한쪽 절벽을 기점으로 고란초만 착생한 것이다. 아래쪽 왼쪽은 개부처손, 또 한쪽엔 애기자금우를 착생하여 이끼로 마감하였으며 금모래를 깔아 바다의 풍경을 간접적으로 표현한 것이다.

물형석 석부작

물형석이란 어떤 동물이나 사물의 형상을 닮은 돌을 칭하는 석명이다. 수석 애호가들이 선호하는 돌이기도 하며 저자 역시 애장석으로 소장하고 있으며 풍란과 초물을 착생하여 석부작을 연출하여 보고, 듣고, 만지고, 느끼는 오감체험용으로 집안에서 키우는 반려식물 석부작이다. 보는 사람의 시선에 따라 형상이 달라질 수 있으나 대다수의 사람들은 같은 형상으로 공감하는 공통점이 많다. 이 작품에서는 원숭이가 손오공으로 변신한 듯한 형상을 가진 듯한데 독자들에게 어떻게

물형석 석부작

보일지도 궁금하다. 풍란은 돌의 칠부능선에 착생하여 시각적인 안정감과 편안함을 가지도록 하였으며 뒤쪽으로 넉줄고사리를 착생하였고 아래쪽으로 돌단풍을 착생하여 조화롭게 연출하였다.

시간이 지나면 더욱 활착되어 생동감을 줄 것이다. 꽃이 피면 향기 치유에도 좋은 영향을 주는 풍란은 많은 사람들이 선호하는 반려식물이며 누구나 키우기 좋은 식물이다.

백두산 부석 석부작

백두산 부석은 물에서 뜰 정도로 가벼운 돌이다. 가벼워 다루기가 좋은 장점이 있으나 석질이 약하기 때문에 파손의 우려가 있는 단점도 가지고 있다. 즉 음과 양의 조화를 나타내는 돌이라 할 수 있으며 차가운 성질의 산성 성분의 석질로 석부작을 만들고자 할 때는 양치류의

백두산 부석 초물경작

식물을 선정하여 완성도를 높이는 것이 좋다. 깊게 패인 곳은 채석강의 분위기를 나타나게 하려고 인위적으로 파낸 것이다. 식물은 정상 부위에 누운 향나무와 삼나무를 식재하였으며 고비와 황금고사리, 창포, 일엽초, 애기모람 등으로 식재하여 완성한 작품으로 장래가 기대된다.

관통석 풍란 석부작

세상을 창조한 조물주의 능력은 참으로 대단하다. 특히 자연에서 그렇다. 만물 중에 똑같은 산물이 하나도 없으며 자세히 보면 신비롭지 않은 것이 없다. 저자가 거론하고픈 것은 그 중 하나인 돌을 말하고 싶은 것이다. 산지에 따라 돌의 형과 색감 자체가 틀리며 특색을 가지고 있어 보는 이의 마음을 사로잡는다. 이 작품도 신의 창조물로 만들어진 걸작품이라 할 수 있을 것이다. 시원하게 관통되어 미지의 세계를 넘나드는 기분을 느끼며 관상할 수 있어 더욱 신비스럽다. 수석 애호가들은 관통석을 행운석이라 칭하며 선호하는 돌 중 으뜸이다.

이런 돌에 생명을 불어넣어 식물이 붙어산다면 그 관상 가치는 배가 될 것이다. 풍란과 넉줄고사리, 돌단풍을 활용하여 석부작을 연출한 작품이다. 풍란은 우리나라 남부지방 바위표면이나 고목의 나무 표피에 붙어 자생하는 상록 다년생 초본이다. 주로 해변가에 해풍으로 인한 습도가 높은 반 그늘지고 통기성이 좋은 곳에서 자생한다. 꽃은 순백색으로 잎겨드랑이에서 나오며 여름에 꽃이 핀다. 열매는 10~11월경에 익으며 우리나라에 멸종위기 1급식물로 분류된 보호종이다.

넉줄고사리 역시 반 그늘 식물로 항암효과가 좋다. 풍란하고 같은 조건의 장소에서 잘 자란다. 돌단풍은 역시 심장질환에 좋으며 나물로도 먹는 식물이다. 이렇게 간단한 식물을 구입하여 돌 위에 착생하도록 붙여 집안의 베란다에서 물 관리와 통풍과 일조량을 조절하며 키우면 좋다. 집안의 환경은 물론이고 건강에도 좋은 식물이라 반려식물로 키우기 좋은 식물이다.

관통석 풍란작품

174

집안에서 키우기만 해도 약이 되는 만병식물 공기 식물정

석부작

인간이 오르지 못할
우뚝 솟은 기상인데
웅장함을 더하니
그 비경이 참으로 아름답구나

억겁의 풍파를 이겨낸
주름진 돌 한 점
화려하진 않아도
힘찬 생명을 담보로
인연을 맺은 잡초의 변신이
신비롭구나

무한한 세월의 풍랑이 버거워
깊게 밝은 뿌리가
자연의 위대함을 일깨워주며
무표정인 것 같은데
보는 이의 마음 사로잡아
신비로운 석부작
억겁의 세월을 말하려 하는가?

PART 4

목부작

자연에서도 자기들만의 철저한 공생관계를 유지하는 원칙이 있으며 절대적으로 거짓이 없다. 때문에 얼마만큼 식물을 이해하고 사랑하느냐에 따라 작품 구사 능력과 자연을 보는 높낮이가 있게 된다.

목부작의 기본과 구도

목부작이란 자연적이든 인위적이든 생을 다한 죽은 고사목을 이용하여 만든 작품을 말한다. 질감과 구도가 좋은 나무로 고목의 형태나 그 가치가 인정되는 소재를 구입하여 잘 손질하고 다듬어 볕에 말린다. 나무는 습도가 있거나 물이 묻으면 썩는다는 단점이 있으므로 방부 처리를 필수적으로 하는 것이 좋다. 그러면 반영구적으로 소장하고 감상할 수 있을 것이다.

방부 처리하는 방법은 여러 방법이 있을 것이나 여기에서는 인체나 식물에 지장이 없는 폐식용유*를 사용하여 방부하는 방법을 알아보도록 한다.

닭튀김 폐유는 고사목이나 민속품 같은 목부작 소재에 방부 처리하는데 침투력이 좋으며 탁월한 효과가 있으므로 권장한다. 우선 폐식용유를 준비한 후 잘 손질하여 건조한 나무에 흠뻑 바른 다음 볕에 말리는 방법을 3회 정도 반복하여 기름이 다 스며들어 손이나 옷에 묻지 않도록 한다.

다음은 목부작에 착생할 식물을 선정하는 데 있어 집안의 환경에 맞는 식물로 튼튼하고 강한 식물을 선정하는 것이 기본이라 할 수 있다. 이 작품에서 풍란과 고사리 종류를 선정하여 착생하는 방법을 알아보자.

---

* 목부작에 착생할 식물을 선정하는 데 있어 집안의 환경에 맞는 식물로 튼튼하고 강한 식물을 선정하는 것이 기본이라 할 수 있다.

폐식용유
(닭 튀김집에서 사용하는 기름으로 닭을 튀기고 오래되면 바꾸는 기름) 참고로, 이 방법은 전문가들이 하는 방법은 아니지만 취미생활로 하시는 분들을 위한 손쉬운 방법이다.

우선 풍란을 분에서 꺼내어 수태를 제거하고 상한 뿌리를 잘 다듬고 손질하며 이끼는 완전히 제거한 다음 깨끗한 물로 씻어준다. 이끼는 산성이라 할 수 있으므로 알칼리성 식물에는 사용하지 않는 것이 좋으며 특히 풍란에는 안 좋다. 때문에 풍란 주변에는 이끼 사용을 피하는 것이 좋으며 근실한 뿌리 뻗음을 도와주려면 이끼 제거를 자주 해주며 깊은 관심을 가지고 관리하는 것이 바람직하다. 이끼 제거용으로는 식초를 물과 엷게 혼합하여 분사하여 주면 좋은 효과가 있다.

목부작 소재

풍란 손질하기

소재 준비가 다 되었으면 구도를 잡는 것이 중요하기 때문에 면밀한 검토와 위치 선정을 하는 것이 우선시된다. 무슨 작품이든 구도에서 나오는 것이므로 원근감과 기폭이 있어야 초자연을 한눈에 보는 착각에 빠질 것이며, 또한 여백처리가 잘 되어 있을 때 여유로움과 시원한 자연 속에 와 있는 듯한 느낌을 받을 것이다. 자연에서도 자기들만의 철저한 공생관계를 유지하는 원칙이 있으며 절대적으로 거짓이 없다. 때문에 얼마만큼 식물을 이해하고 사랑하느냐에 따라 작품 구사 능력과 자연을 보는 높낮이가 있게 된다. 본인의 마음속에 원하는 구도를

풍란 붙이기

잡아 그림이 그려지면 하나하나 착생시켜 완성미를 높여간다. 여기에서 가장 중요한 것은 식물과 교감을 나누는 것이 중요하다 할 수 있다. 그러기 위해서는 식물의 성격이나 습성과 환경을 잘 분석하여 마치 사람과 대화를 나누고 아기를 다루듯이 하면 좋을 것이다. 본인의 의도대로 하는 것이 아니라 식물의 입장에서 하는 것이 바로 교감을 나누는 것이며 기를 받을 것이다.

 식물을 붙이는 데 있어 여러 가지 방법이 있으나 여기에서는 접착제를 사용하여 착생한다. 접착제는 반드시 식물 전용 본드를 사용하되 미세하게 적은 양을 쓰는 것이 좋으며 백화현상이 나지 않도록 하는 것이 기술이라 할 수 있다. 풍란의 뿌리는 전체가 수관부로 되어 있으므로 너무 많은 뿌리가 있어도 뿌리내림이 늦으며 꽃피는 데도 게으르다 하여 적절한 뿌리 솎음을 하여주는 것이 좋다. 난 뿌리 부분은 나무젓가락이나 요지 등에 접착제를 묻혀 바르는 방법이 가장 바람직하며, 본드가 많이 묻어 흐른 자국이나 뿌리가 하얘질 수 있으므로 각별한 주의가 있어야 할 것이다.

 이 목부작은 풍란을 착생해 나가며 한 폭의 병풍을 생각하고 구도를 잡는 데 여러분이 이 그림과 글을 보고 다 이해할 수 있을까 걱정이

풍란 착생 모습

다. 작품을 하면서 반드시 지켜야 할 원칙이라 할 만큼 중요한 위치 선정인데 이는 기를 누르는 듯한 기상석의 머리라 할 수 있는 곳과 나를 찌르는 듯한 정면과 배반하는 듯한 뒷면은 피하는 것이 좋다. 반을 나누어진 중앙에서 약간 옆으로 수줍어 고개를 돌린듯하게 붙이는 것이 가장 좋은 방법이다. 식물이 퍼져 보이는 것은 물론 난해하게 보여서도 안 되며 산만해 보여도 더욱 안 된다. 식물이 모아져 일가를 이룬 공생관계를 생각하며 착생시켜 자연미가 물씬 풍기는데 그곳에서 여러 해 자란 것으로 보이는 것이 가장 아름다운 작품이라 할 수 있을 것이다.

위치 선정과 식물 혼식을 잘하여 식물의 위치를 잡아가며 착생할 때 지켜야 할 점은 식물 욕심을 부리지 않는 것이 좋으며 식물을 아끼는 것 또한 바람직하지 않다. 작품을 하다 자신의 성취감에 도취되어 식물을 욕심껏 붙이는 경우 아주 조잡한 작품으로 전락하게 된다. 반

완성된 목부작

면 식물을 아끼느라 못 붙여 빈약하기 이를 데 없이 보기 우스운 작품이 되는 경우도 자주 본다. 때문에 적절하게 식물을 착생하여 탐스럽고 정감이 가며 거부감이 들지 않는 작품일 때 보는 이의 마음을 사로잡을 것이다.

  풍란을 다 착생한 다음 적절한 위치에 고사리류를 착생시켜 그 아름다움을 느껴보기로 한다. 자연에서는 절대적 승자만이 살아남는 법칙이 있어 서로 다른 식물끼리는 공생하지 않으며 한 종류가 죽어야 한 종류가 사는 자연의 법칙이 있다. 그렇지만 서로 의존식물은 분명히 있을 것이다. 여기에서 공생관계라는 말은 같은 종류의 식물들만의 철저한 공생관계를 유지하므로 그 아름답고 신비로움을 느끼지 않을 수 없다는 말이다. 그러므로 자연의 섭리처럼 궁합이 잘 맞은 식물끼리 혼식하여 단조로움을 없애주고 풍요로움을 더하게 하여 즐겨본다,

완성된 작품은 물주기를 흠뻑 한 다음 통기성이 좋으며 볕이 잘 드는 곳을 선정하여 관리하면 되는데 한여름은 직사광선은 피하는 것이 좋으며 30~40% 차광을 하여주는 것이 바람직하다. 겨울철에는 볕이 잘 드는 곳으로 영상 3~4도에서 관리할 때 가장 좋은 작품으로 관상할 수 있으며 근실한 식물을 보며 보람과 희열감에 빠질 수 있다.

목부작 소재 방부 처리 방법

고사목이나 우리 주변에서 생활 도구로 사용하던 나무로 된 소재에 야생초를 착생하여 즐겨보자.

1 목부작을 연출하는 소재가 모양이 아무리 좋아도 부식, 즉 썩는 것을 방지하지 못하면 영구적인 작품이 될 수가 없으므로 반드시 썩는 것을 방지하는 연구가 필요하다. 아름다운 작품을 연출하여 오랫동안 소장하며 즐기려면 누구나 쉽게 간단히 방부하는 방법이 있으므로 이를 함께 알아보기로 한다.

2 소재 선택을 할 때도 관솔이나 형이 좋아 작품성이 있는 고사목을 선정하여 아랫부분을 잘 다듬어 반듯하게 쓸 수 있도록 하여 완전히 건조한다.

3 다음 치킨점이나 닭 튀김집에서 닭을 튀기고 나온 폐유를 구매한다. 폐유는 반드시 닭 튀긴 폐유여야 좋다.

풍란 목부작

4 그 다음 미리 준비하여 건조한 목부작 소재를 방부 처리하면 되는데 이때 주의할 점이 있다. 닭을 튀기며 닭에서 나온 기름은 아래로 가라앉아 응집력이 강해 혼합이 잘 안 된다. 그러므로 닭에서 나온 기름과 식용유가 잘 섞이도록 흔들어 사용하는 것을 잊으면 안 된다.

5 방부하는 방법은 나무에 붓으로 빠짐없이 칠하여 볕에 말린다. 다 마른 다음 위 방법을 반복 3회 정도 하면 완벽한 방부 처리가 된다. 마지막으로 칠한 다음에는 볕에 완전히 건조해 손이나 의류에 묻지 않도록 한다.

6 주의할 점으로는 목질이 강한 나무나 젖은 나무는 기름이 잘 스며들지 않기 때문에 자칫 반영구적인 방부가 안 될 수도 있다. 이때는 토치 램프를 사용하여 열을 가하며 칠하는 것을 반복하면 효과를 볼 수 있을 것이다. 목질이 약한 나무일수록 잘 스며들기 때문에 방부가 잘 되며 강한 나무보다 쉽다.

7 또 한 가지 더 주의할 점은, 정품 식용유나 기름은 방부가 잘되지 않는다는 점을 유념하고 위 방법을 따라 하는 것이 바람직하다.

또한 페인트 가게에서도 방부용 칠감을 판매하고 있으나 수은이 합류된 것으로 보고된 바 있고 색감도 권장할

대엽풍란 목부작

소엽풍란 목부작

만한 색상이 없어 사용하는 것을 권장치 않는다.

다양한 목부작 연출법

소엽 풍란 목부작

　목부작은 본래 고사목이나 가공 목을 사용해 야생초를 착생하여 즐기는 것을 말하는데 여기에서는 그 방법을 공부하기로 한다.

　나무 종류는 습기나 물에 약하므로 작품을 만들기에 앞서 방부 처리 하는 것에 신중을 다해야 할 것이다. 저자의 경험으로 보아 강하고 단단한 나무이니까 하는 안이한 생각으로 대충 해도 되겠지 하다가는 낭패를 본다. 그러므로 반드시 방부를 철저하게 하는 것이 좋은 방법이라 할 수 있다. 소재를 선정하면서도 균형미가 좋은 나무로 썩은 부위가 없는 작품성이 좋은 나무를 고른다. 이때 썩은 부위가 있는 나무는 그곳을 칼이나 끌 등으로 파내고 잘 다듬어 거친 사포로 문질러 부드럽게 한 다음 볕에 잘 건조한다.

　방부하는 방법으로는 여러 가지 방법이 있겠지만, 여기에서는 앞에서 말해둔 방법을 권하고 싶다. 방부 처리가 다 되었으면 볕에 잘 말리어 손이나 옷에 기름이 묻지 않도록 한다. 다음은 풍란을 착생시키는데 있어 뿌리를 잘 손질하고 다듬어 물로 깨끗이 씻어준다. 목부작의 소재에 따라 풍란이 붙어야 하는 위치가 다를 것인데 이 작품에서는 소재의 상단 부위가 절단된 평면이기 때문에 그 부위에 빽빽하게 착생한 작품이다. 풍란 자생지를 보면 지리적으로 바람이 잘 통하고 공중 습도를 얻기 쉬운 위치에 자생하는 식물이라 하여 붙여진 이름이 풍

소엽풍란 목부작

란이다. 풍란은 높은 바위틈이나 고목 위의 깨끗한 곳에서 그윽한 향을 풍기며 고고하게 살아간다 해서 선초라 부르기도 하고, 처마 끝에 매달아 놓고 옛 시인 묵객들이 풍란의 잎과 뿌리의 자태를 보고 그 운치를 즐겼다 하여 헌란으로 불리기도 한다. 그 외에도 부귀란이라는 이름도 가지고 있으며 많은 이름을 가진 만큼이나 고귀한 자태를 가진 식물이라 저자도 개인적으로 좋아하는 식물 중 하나이다.

풍란을 돌에 붙여 석부작을 만들면 풍란뿐만 아니라 수석 또한 살아 숨 쉬는 착각에 빠져 차원 높은 작품을 감상할 수가 있다. 풍란을 괴이한 형상의 질감이 좋고 구도가 좋은 나무에 붙여 목부작을 만들면 이색적이며 다양한 형상으로 표현할 수 있으며 멋진 작품을 감상할 수 있을 것이다. 여기에 창석위나 고사리류 등 다른 식물을 착생하면 멋진 목부작을 감상할 수가 있다.

소엽 풍란 목부작

풍란은 꽃과 잎, 뿌리 모두가 독특한 특색이 있으므로 관상 가치가 높고 은은한 향기가 산만한 정신까지 차분하게 안정시키는 성분이 있어 지구상의 천연 향에 최고로 칠 정도이며 다양한 작품에 착생하여 즐길 수 있는 감상의 폭이 넓다.

잎이 두터운 것과 얇은 것이 있고 입엽(立葉)과 수엽(垂葉)이 있으며 배양 기술이 발달함에 따라 잎에 무늬가 들거나 형태가 변한 것뿐만 아니라 꽃이 다르게 피는 변이종(變異種)의 품종이 매우 다양하게 출시되어 다양하게 즐길 수 있다.

풍란의 재배는 17C 초엽부터 재배하기 시작한 것으로 보이며, 우리나라에서는 문헌상으로 1798년(정조 22년) 편찬된 〈재물보(才物譜)〉에 풍란에 관한 기록이 있으며 재배하기 시작한 것은 1910년 이후로 추정된다. 일본에서는 이러한 풍란 중에 가치가 높다 평가되는 난을 선별하여 부귀란(富貴蘭)이라고 지칭하는데, 현재 우리나라에 정식으로 등록된 부귀란 종류는 대략 200여 종이며, 현재도 많은 농원에서는 수많은 엽예품 및 화예품이 개발, 생산 중이다.

풍란꽃의 달콤한 감향은 매우 짙어 망망대해 바다에서 뱃길을 잃었던 뱃사람들이 풍란 향을 맡고 방향을 찾았다고 할 정도로 그 향이 짙고도 매혹적이다.

목부작 작품을 연출하기에 앞서 꼭 지켜야 할 사항을 말해두고자 한다. 앞에서도 말했듯이 작품의 가장 큰 비중을 차지하는 것은 나무인데 무엇보다 구도와 형이 좋아야 하며 방부를 잘해야 한다. 완벽하다 싶으

소엽풍란 목부작

관솔 목부작

면 난을 착생하는데 이때 또한 주의할 사항이 있다. 난을 붙임에 너무 적게 붙여 빈약하게 보인다든가. 너무 욕심을 내어 많이 붙여 통기성에 지장을 주게 하는 방법은 피하는 것이 좋다. 난을 붙일 때 난잎이 서로 엉켜 한 그룹으로 보이게 붙이되 아래 부위에서는 틈이 많이 생길 수 있도록 때문에 바람과 빛이 잘 들 수 있도록 하는 것이 기술이다. 다 된 작품은 반 그늘에서부터 관리를 잘하면 신선한 충격을 줄 것이다.

관솔 목부작

　관솔은 고사한 소나무의 속데, 송진인 많이 엉긴 뼈대를 말하는 것이다. 소재를 준비할 때는 표면으로 보아 썩어 부실부실하는 것을 두드려 겉에 피복을 벗겨낸 다음 철 솔이나 브러시 등으로 문질러 잘 다듬어 말린다. 잘 말린 다음 사포 등으로 문질러 매끄럽게 손질하여 수반 위에 에폭시나 강력접착제 등으로 고정한다. 작품의 자연미를 높이기 위해 옆과 뒤쪽에는 돌을 고정하여 자연미를 높인다. 이때 주의할 점은 관솔도 물에 오랜 시간이 담겨 있으면 썩기 때문에 수반에 물 빠짐이 좋아야 한다. 다음은 식물을 착생시키는 데 있어 상단 부위에는 풍란을 착생하고 하단부위에는 양치류를 착생하는 것이 바람직하다. 난을 붙일 때 전체적인 구도에 알맞은 칠부능선에 본인의 속눈썹 모양으로 붙이면 된다. 이때 기폭의 조화를 이루기 위해 위쪽은 적게 아래쪽엔 많은 난을 붙이는 것도 작품의 조화를 이룬다 할 것이다. 아래쪽에는 쇠뿔석위를 착생하여 이질감이 나도록 하면 음과 양의 조화를 이루게 된다.

초물 분경 목부작

목부작을 만들기에 앞서 치밀한 준비가 필요한데 그 중 가장 큰 비중을 차지하는 것은 나무라 할 수 있다. 무엇보다 형이 좋아야 하며 견고성이 있어야 작품을 만들어도 반영구적으로 소장할 수 있을 것이며 돈과 시간을 투자한 결과에 만족할 수가 있어야 한다는 것이다. 그렇기 때문에 반드시 방부에 신경을 많은 쓰고 나무가 썩지 않도록 한다. 이 작품의 소재는 수입 목으로 구수목이라는 나무인데 나무 색감과 결이 좋고 무늬가 좋으며 특히 형이 뛰어나기 때문에 목부작 소재용으로 적합하다. 목부작엔, 될 수 있으면 양치류 착생식물을 선정하는 것이 바람직하다. 칠부능선에 풍란을 붙이는데 난의 양도 작품의 크기와 비례하여 붙이는 것이 작품성을 높일 것이다. 풍란을 붙이는 과정에서도 한 모촉에서 번식하여 한 포기의 군락으로 보이도록 하는 것이 기본이며 기술이다. 작품의 중간부위를 중심으로 뒤쪽에 창석위를 붙여 기폭과 원근감을 조성하였으며 아래쪽에는 쇠뿔석위와 도깨비고비를 착생하였으며 우단일엽으로 사이사이에 착생하여 자연미를 높였으며 뒤쪽으로 돌단풍을 붙여 이른 봄에 가을까지의 분위기를 감상할 수 있도

초물경 목부작

록 하였다.

초물 분경 목부작

사람과 자연은 하나다. 자연 속에 국한된 인간은 자연의 소중함을 잘 알면서도 무관심 속에 지나치며 살아가는 것이다. 무심코 버린 작은 쓰레기가 어떤 결과를 가져올 것인지 생각하는 사람은 그리 많지 않다. 이제는 자연을 바라보는 눈높이도 달라져야 할 때가 되었다. 자연의 소중함과 그 가치는 미래 지향적인 보물이라 할 수 있을 것이다.

경제가 발달할수록 인간의 삶이 각박해지는 현실에서 탈피하고자 하는 반사 본능을 보면 여러 가지로 나타난다. 수려한 자연 경관을 찾아 여행하는 사람에서부터 운동하는 사람, 그밖에도 수많은 취미생활이 있는데 그 중 야생화나 식물을 키우며 즐기는 사람도 뜻밖에 많이 있다. 그것은 자연에서 주는 에너지가 얼마나 좋은지를 간접적으로나마 알기 때문일 것이다.

초물경 목부작

야생화를 취미로 하는 사람이 많이 있으나 대다수가 분에 심어 키우는 정도이다. 자연이 주는 천혜의 자원을 산업화하여 화훼업계는 물론 농가 고소득 창출을 높일 수 있도록 하여 국위 선양할 수 있는 다양한 방법을 연구할 가치가 충분하다. 우리 주변에 조금만 관심을 두고 본다면 다양한 소재를 활용할 수 있을 것이다.

목부작을 만들려면 우선 고사목이나 가공한 나무를 준비하여 잘 손질하여 말린 다음 방부를 하면 된다. 방부가 완벽하게 되었다 싶으면 적절한 야생초를 선택하여 선과 흐름의 구도 안배를 잡아 착생한다. 위 작품에서 보는 바와 같이 풍란을 칠부능선에 사선으로 내려 붙여 구름이 휘감은듯하게 묘사했으며, 중간부위에는 창석위를 착생하여 절벽에 고목이 붙어사는 것처럼 묘사하였다. 아래쪽 뒤편으로 차나무를 심어 싱그러움을 느끼게 하였으며 앞쪽으로는 콩짜개덩굴과 창포, 황금고사리 등을 심어 이끼 처리하여 마감하였다. 완성된 작품은 반 그늘에서 약 15일 정도 별도관리를 한다. 그 동안 물주기를 게을리해서는 안 된다.

초물 분경 목부작

나무가 있는 숲은 우리 인간에 있어 꼭 필요로 하는 산물이다. 그 중 나무는 우리 인간이 다양한 곳에 사용하는 필수품이라는 것이다. 집을 짓는 곳에서부터 가구나 집기 등 많은 곳에 사용하게 된다. 죽어 고사한 나무를 활용하여 목부작을 연출하는 것이며 이 작품에서도 느끼는 바가 많이 있다. 배롱나무가 고사한 것인데 오랜 시간의 연륜이 묻어나는 작품이다.

한반도를 연상하게 되는 고사목이며 이 고사목은 저자와 인연이 되어 목부작으로 탄생한 것이다. 목부작 중 가장 애착이 가는 작품이며 소장의 욕심을 가지고 있는 점도 특별한 나무이기 때문일 것이다. 방

초물경 목부작

부 처리를 완벽하게 하기 위해서 닭 튀긴 기름을 칠하고 말리기를 여러 번 반복하였다.

　식물을 착생하기 위해 선정하는 과정에서도 신중을 기하였다. 나무라는 점을 감안하여 양치류 종류로만 선정하여 풍란과 쇠뿔석위, 넉줄고사리, 콩짜게덩굴, 일엽초 등으로 연출을 하였다.

　칠부능선에 풍란을 착생하는 것이 가장 적합한 위치라 할 수 있으며 시각적인 면에서도 가장 안정감이 드는 위치다. 난을 착생할 때는 본인의 눈썹을 생각하며 눈썹 모양으로 붙여 나간다. 밀식하는 것이 바람직하며 사선으로 붙이는 것이 가장 아름답게 붙이는 방법이다. 그 다음 원근감을 주기 위해서 뒤쪽으로 쇠뿔석위를 착생하여 저 멀리에 있는 나무로 연상하도록 한 것이다.

아래쪽으로는 일엽초와 넉줄고시를 착생하며 조화롭게 위치 선정을 하여 붙여 나간다. 아래 부위에는 나무 밑에 지피식물이 자라는 것처럼 보이게 하기 위해서 콩짜게덩굴과 넉줄고사리로 마감을 하였다.

이렇게 식물 착생하는 것을 마무리하였으면 물관리에 신경을 써야 하는 것이 멋진 작품으로 착생할 것이다. 이렇게 일정 시간이 지나면 식물은 자리를 잡을 것이며 희열감에 쌓여 그 보람은 극대화될 것이다.

초물 분경 목부작

옛날에 소죽을 쑤어 주었던 가마솥 뚜껑으로 사용하던 물건인데 많은 사람들이 설명을 듣기 전에는 무엇에 쓰는 물건인가 궁금해 할 것이다. 나무판자를 이어 붙여 손잡이를 붙인 다음 솥뚜껑으로 사용하는 것이었는데 요즘에는 보기 드문 골동품으로 희귀물건이 되었다. 이런 물건을 구입하여 방부 처리를 하여 잘 말린 다음 식물을 착생하여 목부작으로 연출했다. 식물은 누구나 키우기 쉬운 양치류 식물을 선정하였으며 식물전용 접착제를 사용하여 붙인 것이다.

우선 상단 부위에 소엽풍란을 착생하여 중간부위로 연결감을 주며 착생하였으며 일엽초를 상단 부위 풍란 옆으로 착생하였다. 하단부위에는 넉줄고사리와 창석위를 책생하여 자연에서의 자연미를 벤치마킹한 것이다. 솥뚜껑의 빈 공간은 나무판이 빠져 없어진 것인데 오히

초물경 목부작

려 시원한 멋이 지루하고 답답함을 없앤 것 같아 보기에 더욱 자연스럽다.

초물 분경 목부작

멋이라고는 없어 아궁이에 들어감직한 죽은 나무이지만 어느 누구를 만나느냐에 따라 판도는 달라질 것이다. 자연미를 충분히 살리기 위해 최대한 손을 보지 않고 투박하고 거친 모습을 그대로 살리려고 노력한 것이다. 단지 나무라는 점을 고려하여 방부에는 많은 신경을 써야 한다. 최대한의 자연생태계를 닮은 작품으로 연출하고자 노력했다.

양치류 종류의 창석위와 관중, 부처손 등을 착생하였으며 돌단풍을 감미하였다. 조금은 산만하고 거친 듯 보이지만 자연을 추구하는 사람들의 성향에는 좋아할 만한 작품이다. 이런 작품이 집안의 베란다에 놓여 있으면 환경은 많이 좋아질 것이다. 공기 정화라든가 미세먼지 등을 없애주는 역할도 할 것이며, 특히 우울감이나 외로움을 느끼는 분들에게 반려식물로 좋은 식물이다. 약성까지 가진 식물이라는 점이 특징이다.

양치류 목부작

목부작은 소재의 형상에 따라 구도가 달라진다. 소재가 관솔이 아닌 다른 나무는 습기에 약하고 강한 나무일수록 잘 썩는 경우가 많이 있다. 그러므로 방부를 잘하여 반영구적으로 감상할 수 있도록 하는 것이 좋다. 나무는 보통 약한 부위는 썩거나 부식되어 패이고 강한 부위는 남아 변화가 좋게 되는 것이 장점이다. 준비한 소재는 철 솔이나 끌 등으로 문지르고 다듬어 깔끔하고 매끄럽게 만든다. 방부가 완벽하게 되었다 싶으면 식물을 착생한다. 칠부능선 전면에 풍란을 착생하였으며 왼쪽 사선으로 창석위를 착생하였다. 하단 부위에 콩짜개덩굴을 착생하여 조금은 단조롭고 모자란듯하게 하여 고사목의 깊이 팬 변화가 돋보이게 한 것이 이 작품의 특성이라 할 수 있다.

양치류 초물경 목부작

넉줄고사리 목부작

바람의 세월 앞에 무릎을 꿇을 것인가 생명이 다한 죽은 나무지만 어지간히 멋을 부린 나무다. 어느 사람의 눈에 띄었어도 무엇인가 만들어 소장하고 싶을 정도로 멋을 가진 고사목이다. 저자 역시 이 고사목을 접하는 순간 신기하고 멋지다는 생각이 많이 들어 목부작을 만들면 좋겠다는 생각이 강하게 들었다. 소재를 구입한 다음 작업장으로 와서 방부 처리를 한 다음 식물을 착생시킨 것이다.

왼쪽에는 넉줄고사리(골쇄보)를 착생하였다. 마치 자연에서 고목의 표피에 착생하여 자라는 모습을 연상하며 최대한 자엽스럽게 착생한 것이다. 넉줄고사리의 생태계를 보면 바위 표면이나 나무 표피에 붙어 자생한다.

오른쪽에는 대엽풍란을 착생한 것이다. 배양란이지만 귀한 몸값을 가진 식물이며 입장이 작아 많은 사람들이 소장하고 즐기고 싶은 풍란이다. 난은 꽃이 피면 그 향기에 취할 정도라고 해도 지나치지 않을 것이며 이파리 뿌리 모두 관상 가치가 우수한 난이다. 난은 추위에 약하므로 영상 5도 이하 떨어지면 피해가 있을 수 있으므로 겨울 관리가 중요시된다.

넉줄고사리 초물경 목부작

넉줄고사리 목부작

자연의 섭리를 거스르면 안 된다는 것에는 누구도 부정할 수 없을 것이다. 우리가 살아가면서 생기는 병을 자연에서 치유하는 방법을 찾지 못한다면 지구는 멸망할 것이다. 우리가 자연을 소중히 해야 할 이유 중 가장 큰 이유는 자연 없이는 한시도 살 수가 없다는 것이다. 그래서 많은 사람들이 집안에서 식물을 키우게 된다.

한의학에서 골쇄보라 하는 넉줄고사리는 바위 표면이나 나무 표피에 붙어 자생한다. 뿌리줄기가 옆으로 길게 뻗으며 갈색 또는 회갈색의 비늘 조각으로 덮여 있으며 수염뿌리가 듬성듬성 난다. 관상용과 약용으로 이용하는데 집안에서 반려식물로 키우기 좋은 식물이다. 약으로 사용할 때는 탕으로 하거나 환제 또는 산제로 사용하며, 술을 담가서 먹기도 한다. 몸에 어혈이 있는 사람은 복용하지 말아야 한다.

넉줄고사리 목부작

넉줄고사리를 방부 처리한 고사목에 식물 전용 접착제를 사용하여 붙이면 되는데 습도를 유지하기 위하여 넉줄고사리 주변에 이끼를 붙여주면 생장하는데 도움을 주며, 시각적인 효과에서도 보기가 좋다. 물주기는 스프레이를 분사해 주면 된다.

풍란 목부작

위 목부작 소재는 구수목이라는 수입 목인데 식물을 착생할 자리를 위 상단 부위에 자리 잡아 군락을 이뤄 사는 형태를 연상하는 작품으로 구상하고 작업을 한다. 깊이 패인 중앙부위를 정점으로 보고 풍란을 왼쪽에 미세한 접착제를 사용하여 붙여 나간다. 풍란을 다 붙이고 난 후 오랜 세월 그 자리에서 산 것으로 보이게 하는 것이 가장 잘 된 것이다. 풍란을 다 붙인 다음 오른쪽에 창석위를 착생하여 강렬한 힘이 있어 보이도록 하는 것이 좋다. 다 완성이 됐으면 통기성이 좋은 반 그늘에 보관한다. 물주기를 게을리 하면 탈수증이 올 수 있다. 잘 관리하다 보면 반드시 튼실하게 자라주어 보답할 것이다.

풍란 초물 목부작

풍란 목부작

반려식물을 목부작으로 만들어 즐기는 방법은 세파에 찌든 우리의 삶에서 잠시나마 피로를 달래주는 품격 높은 좋은 취미라 할 수 있다. 많은 사람이 야생화에 관심이 있으며 취미인 또한 많이 있다. 이쯤에서 분에서 키우던 야생화를 작품으로 만들어 즐기면 더 큰 에너지를 얻을 것으로 본다. 자연의 산물에서 무언의 메시지가 잘 전달될 것이며 새싹이 나고 꽃이 피며 열매가 맺어 변화무상한 자연의 생리적인 생동감이 현실적으로 표현될 것이다. 목부작 소재는 나무의 변화가 좋은 것으로 선별하여 방부 처리한 다음에 식물을 착생하면 된다.

  나무의 구도에 따라 식물을 붙여야 하는 자리가 달라진다. 우선 잘 손질된 풍란을 가장 안정적으로 보이는 곳에 붙인다. 풍란을 붙일 때 주의할 점은 한 방향에서 촉이 나와 일가를 이룬 것처럼 보이게 하는 것이 가장 좋은 방법이다. 풍란의 산지 생태계를 보면 자연의 섭리에 충실히 따르는 신비감을 느낀다. 신아가 나오는 것을 보면 대부분의 신아는 모촉의 아랫부분에서 나오며 꽃대는 위에서 나와 개화한다. 뿌리내림도 마찬가지다. 여러 뿌리가 모여 뻗어가는 것을 보게 되는데 이는 무더운 여름에 탈수증을 견디며 겨울에 동해 입을 피해를 줄이기 위한 본능으로 분석된다. 하단부위에는 세뿔석위를 착생하였으며 황금고사리를 공생하도록 하였다.

소엽풍란 목부작

대엽 풍란 목부작

고사목이나 목재를 준비하여 잘 다듬고 손질하여 건조한 다음 방부 처리를 한다. 붙이고자 하는 식물은 뿌리가 근실하고 입과 줄기가 튼튼하며 녹엽이 짙은 소재를 선택하는 것이 작품의 완성도를 높이는 데 득이 된다. 죽은 나무에 살아 있는 생명체를 착생하여 고풍스러운 자태로 보이게 하는 것은 인간의 손에 달렸다. 때문에 많은 연습과 경험을 쌓아 축적된 기술을 발휘하는 것이 완성된 작품을 연출할 수 있을 것이다.

우선 이 작품에선 대엽풍란을 착생하여 목부작의 진가를 발휘하여 본다. 분 속에 들어 있는 풍란은 수태로 쌓여 있기 때문에 이끼가 생겨 덮어져 있는 경우가 많이 있다. 이끼는 산성이기 때문에 식물 성장에 많은 지장을 준다. 때문에 수태와 이끼를 깨끗하게 다듬고 손질한 다음 방부 처리하여 놓은 목재에다 물을 뿌리고 풍란을 붙여 나간다. 대엽풍란은 새 촉을 트는 경우가 적으므로 일정한 부위에 자리 잡아 사선으로 붙여 나간다.

풍란을 다 붙였으면 하단부위에 개부처손이나 황금고사리 등으로 포인트를 주어 착생하여 안배의 조화를 이루어낸다. 작품에서 무엇보다 여백의 미

대엽풍란 목부작

가 살아 있을 때 보는 시각에서도 더욱 정감이 갈 것이다. 대엽풍란은 소엽풍란에 비해 추위에도 약하기 때문에 겨울 관리에 더 신경 쓰는 것이 좋으며 영하로 떨어지는 곳에 보관하면 동해 때문인 피해를 볼 수 있으므로 반드시 영상 2~3도 이상에서 보관하는 것이 바람직하다.

해고(오스만다 루트) 손고비 목부작

해고(오스만다 루트)는 인도네시아 밀림에서 서식하는 고사리다. 수입해온 것이며 야생초로 취미생활하는 사람들은 많이 사용한 것인데 지금은 수입이 안 되는 것으로 알고 있다. 해고는 보습력이 좋고 통기성이 뛰어나기 때문에 특히 양치류를 착생하여 키우기가 적합하다. 우선 해고(오스만다 루트)를 전기톱이나 손톱을 사용해 적당한 크기로 절단한다. 해고는 가운데가 비어 있으므로 비어 있는 공간을 적절한 방법으로 막아준다. 그 다음에는 토탄을 묽게 개어 해고(오스만다 루트) 상단 절단 부위에 골고루 발라주며 손고비를 분에서 꺼내어 뿌리를 잘 펴가며 고정한다. 고정하는 방법으로는 녹슬지 않는 철사를 ㄷ자형으로 3~4cm 정도의 크기로 만들어 정교하게 박아준다. 아래쪽으로는 조화의 균형을 맞추어 도깨비고비 등으로 착생하여 물 관리를 잘하면 이끼도 자연적으로 잘 올라오며 싱그럽고 자연미가 넘치는 작품을 즐길 수 있을 것이다.

산야초 목부작

세상에는 같은 것이 참으로 많이 있는가 하면 세상에 하나밖에 없는 것도 사실이다. 매번 이렇게 작품을 연출할 때마다 느끼는 것은 내가 연출한 작품이 한 작품뿐이라는 사실에 더욱 희열감에 빠지게 된

손고비 목부작

다. 이 작품의 소재는 북으로 쓰던 목제인데 어느 목공예의 숨소리가 들릴 듯하며 정교하게 다듬어진 목제의 숨결 또한 친근함이 묻어난다. 한때는 고고한 북소리로 많은 사람에게 있어 심금을 울리게 했을 것이다. 누군가의 손에서 떠나 이렇게 폐기되어 한 줌의 재로 남을 뻔한 목재가 나와의 인연이 된 것이다.

정성스럽게 다듬고 방부 처리를 완벽하게 한 다음 초물경 작품으로 생명을 불어넣은 작품이다. 소재를 들여다보면 가히 짐작은 하겠으나 자세히 설명해보자.

원통으로 가공된 목제의 안쪽 하단에는 둥굴레를 착생하였으며 상단 밖에 쪽에는 소엽풍란을 착생하였다. 원이라는 것은 마음의 여유와 행운이라는 상직적 단어를 떠올린다. 수석에서도 원석은 참으로 귀한 돌이며 관통석은 행운을 준다는 행운석으로 많은 애호가들에게 인기가 있기도 하다. 이 작품에서도 안정적이며 평온함을 느끼는 바가 크다. 야심한 밤에 달을 보고 있는 착각에 빠지기도 하며 무한한 상상을 하게 하는 것도 사실인 반면 이 작품을 접하는 사람에게도 많은 위로가 되었으면 하는 바람도 가져본다.

산야초 목부작

창석위 목부작

창석위를 주 소재로 한 목부작을 연출하여 감상 가치를 높여 보기로 한다. 목부작이란 앞에서도 말한 바 있듯이 나무에 물이 닿거나 습도가 많은 곳에 놓아두면 썩는다는 단점이 있기 때문에 방부하는 데 많은 시간과 공을 들여야 할 것이다. 저자가 연출한 위 작품은 고사한 살구나무로 형이 좋으며 구도 또한 일품이라 할 수 있다.

이 소재를 준비하여 그늘에 오랜 세월을 말려가며 다듬고 손질하여 방부 처리한 다음 미리 준비한 창석위와 풍란을 착생시킨 작품이다. 방법으로는 나무의 중심점인 중앙에서 대칭으로 살짝 비켜 풍란을 착생시키면 되는데 정면을 바라보는 형상보다는 수줍은 여인이 고개를 살며시 돌리고 바라보는 형상의 위치에 혼식하여 붙여주고 창석위를 주변에 착생시켜 군락이 형성되도록 한다. 작품을 연출하며 주의할 점은 창석위 잎이 뒤집힌 것은 절단하고 어색하고 거부감 나는 잎은 반듯하게 세워 철사 등으로 고정해주고 시간을 기다리면 자리를 잡을 것이다.

창날 같다 하여 창석위란 이름을 얻었다. 힘이 넘쳐 보이며 상록의 광 피치 형 잎으로 관상 가치가 좋은 식물로서마니아들이 많이 늘어나며 인기가 있는 식물이다. 예쁘게 작게 키우는 방법으로는 봄에 새싹이 나올 때 큰이파리를 잘라주면 새로 나오는 이파리가 작아짐으로 위에서 보는 것처럼 싱그러운 목부작을 감상할 수 있다. 참고로 아래 그림은 위 작품을 연출하여 7년이 경과한 후의 모습이며 집안에서 키우기만 해도 약이 되는 식물이라 키워보길 추천한다.

자연의 위대함은 여기에서도 실감할 수 있다. 성질 급한 인간에게 기다림과 인내의 가르침을 주며 시간이 가면 풍요로움의 근거를 남겨줌으로 포만감과 인간의 도량을 쌓는 교훈을 준다. 창석위는 주로 제주도와 남부지

창석위 목부작

창석위 목부작

방에서 자생하는 식물이라 중부지방에서는 냉해에 약한 편이므로 겨울나기에 신경을 써야 하며 추운 날의 물주기를 삼가하되 베란다와 온실에서 잘 적응하는 식물이다.

창석위의 효능에는 주로 신장 질환을 다스리고, 호흡기 질환에 좋으며 기관지염, 방광염, 보폐·청폐, 요로결석, 요혈, 종독, 출혈, 해수 등에 좋은 효과가 있으므로 취미인들에게 더욱 인기가 있다.

우단일엽 해고 목부작

제주도 큰 우단일엽 잎은 선형이고 잎몸은 짧고, 잎몸의 폭은 1-3cm 정도이다. 잎 윗면에 별 모양으로 우산 같은 털이 있다. 열매 특성을 보면 포자(홀씨주머니)는 주맥 양쪽에 5~8줄로 배열되어 있고, 잎 뒷면에 2개 층 방사상 털이 2층으로 있고 포자 막이 없다. 형태는 우단일엽과 세뿔석위의 잡종으로 주로 두 종의 혼생지에 함께 난다. 고란초과 상록성으로 제주도, 일본에 분포하며 제주에는 멸종위기에 놓여 있는 것으로 보고하고 있다. 무분별한 남획과 외래식물의 급속적인 번식이 그 원인이다. 아무리 세계화라 하지만 우리 것이 없는 세계화가 있을까. 우리 민속식물을 소중하게 여길 때 천혜 자원의 경제성이 뒷받침되어 우리의 삶을 윤택하게 할 것이다.

해고(오스만다 루트)에 큰 우단일엽을 착생하여 번식하며 즐기는 방법을 알아보기로 하자. 우선 적절한 높이로 절단하여 중앙부위 비어 있는 구멍을 스티로폼 등으로 막아준다. 다음엔 토탄을 발라주며 화분 속에 들이 있는 큰 우단일엽을 꺼내어 흙은 털어내고 잘 손질하여 ㄷ자 핀으로 정교하게 고정한다. 이때 주의할 점은 뻗어가는 줄기가 토탄 속에 묻히면 안 된다. 고란초과 일엽초는 착생식물이라는 점을 잊어

큰우단일엽초 해고작품

서도 안 된다. 다 되었으면 반 그늘 통기성이 좋은 곳에 보관하며 관리를 소홀히 해서는 안 된다. 특히 일엽초 주변에 이끼 끼는 것은 바람직하지 않다. 이끼는 산성이므로 일엽초뿐만 아니라 식물 대다수가 성장하는데 많은 지장을 주며 삭아 고사하기 때문이다. 특히 우산이끼. 뱀이끼 등이 끼지 않도록 관리하는 것이 좋다. 작품성을 고려하여 해고(오스만다 루트) 아랫부분에 고사리과를 착생하여 조화를 이루어내면 시각적인 효과가 극대화 될 것이다.

좀꿩의 다리

한 점의 작은 바람에도
소스라치는 가냘픈 몸
이슬 한 방울도
감내하기 버거워
굽어지는 허리
한라산 자락에
누가 볼까 숨어 지내다
꽃피는 봄날에
따라온 것이
바람이나 온 것은 아닌데
사무친 그리움만
한 아름 부둥켜안은
좀 꿩의 다리
피어나는 얼굴에
수줍음만 가득하네

PART
5

공예품 작품편

일상생활 속 모든 소재는 다 식물을 착생한 작품으로 만들 수가 있다. 많은 관심을 가지고 창의력을 발휘한다면 버려지는 생활도구가 자원으로 보이게 되고, 기발한 상상력으로 인해 많은 사람에게 즐거움을 주며 신비감에 빠져들게 할 것이다.

다양한 공예품 작품 연출법

야생화 공예품작

장식용으로 만들어진 공예품을 소재로 하고 식물을 착생하여 생동감이 넘치는 이색적인 작품으로 만들어보자. 일상생활 속 모든 소재는 다 식물을 착생한 작품으로 만들 수가 있다. 많은 관심을 가지고 창의력을 발휘한다면 버려지는 생활도구가 자원으로 보이게 되고, 기발한 상상력으로 인해 많은 사람에게 즐거움을 주며 신비감에 빠져들게 할 것이다.

아래 작품은 FRP 공예 공장을 하시는 지인께서

우리 일상 속에 무수히 버려지는 산업 쓰레기 속에서 위와 같이 본인 하나밖에 없는 작품으로 둔갑할 소재는 무궁무진하다.

조형물 초물작

저자에게 작품을 만들어보라고 주신 공예품이다. 그 공예품을 가져와 동분을 칠하고 난 뒤 동 부식 칠을 하여 오래된 청동으로 변한 것처럼 보이게 하여 고풍스럽게 했다.

풍란을 잘 다듬고 수태를 제거하며 손질하여 물로 깨끗이 씻어 상단 부위에 착생시키면 되는데 이때 주의할 점은 풍란 잎이 큰 대주는 피하는 것이 좋으며 잎이 짧고 촉이 많은 난으로 튼튼한 것을 선택하길 바란다. 위에서 보는 그림처럼 난 위치를 잘 잡아야 안정감을 주며 편안한 이미지가 정감이 갈 것이다. 작품의 중간에는 넉줄고사리와 창석위를 착생하여 공간 여백처리를 적절하게 해야 차갑고 딱딱한 청동 공예품에서 생동감이 넘쳐날 수 있게 된다.

하단부위에는 지피식물로 석창포를 선정하여 자연미가 더욱 생동감이 들게 하려고 착생

공예품 초물경작품

시켰다. 무슨 작품이 되었든 간에 황금 배열인 구도가 잘 되었을 때 그 작품성이 인정되는 것이므로 식물을 착생하는 데 있어 절대 욕심을 부려 덕지덕지 많이 붙이는 일은 금한다.

풍란은 광합성 작용에 의해 녹의 색상이 차이가 난다. 그러므로 햇빛을 너무 많이 보게 되면 녹이 탈색됨으로 한여름에는 30~40% 차광이 좋으며 궁합이 맞는 식물끼리 식재하는 것이 바람직하다. 일조량을 많이 보아야 하는 식물과 적게 보아야 하는 식물이 있다. 그 두 식

물을 한 작품에 착생하는 것은 바람직하지 않다는 말이다. 작품을 하는 분들은 이 점을 반드시 참고하는 것이 실패의 원인을 줄일 것이다. 즉 소나무와 풍란을 한 작품에 연출한다면 잘못된 것이라는 뜻이다.

초물 분경 공예품작

바라보는 관념에 따라 보는 이의 시각에 따라 서로 느낌이 다르겠지만 한 가지 공통점은 있을 것이다. 재활용한 소재를 보며 신기해하는 것. 아래 작품도 장식용으로 쓰이던 FRP 공예품인데 쓰레기로 버려진 것을 저가가 수집하여 페인팅 칠을 하고 몇 개의 돌을 붙여 풍란과 식물을 착생하여 관상하고 있다.

우리 일상 속에 무수히 버려지는 산업 쓰레기 속에서 위와 같이 본인 하나밖에 없는 작품으로 둔갑할 소재는 무궁무진하다고 본다. 작품을 만들기에 앞서 머릿속에 고정된 고정관념을 깨는 것이 꼭 필요하며 사물을 보는 눈높이가 높아져야 작품구상 능력도 뛰어날 것이다. 자연을 좋아하는 사람이라면 누구나 손쉽게 할 수 있는 이런 방법을 배워 취미생활을 한다면 집안에서 키우기만 해도 약이 되고 시각적인 효과가 높아 이중적 효과를 극대화할 것으로 확신한다. 하나는 원가절감이고 둘은 재활용이다. 더욱이 본인이 하나만 소장하고 있다는 점에서 그 가치가 높다 하겠다.

작품이란 어느 누가 보든 정감이 가는 공감대를 가질 때 가장 잘된 작품이라 할 수 있다. 즉 죽어 있는 사물에 생명을 불어넣는 것을 말한다. 이 작품은 아래쪽에 제주도 현무암에 강력접착제를 사용하여 붙이고 손에 든 접시 위에 현모암을 붙였다. 다음에는 토탄을 사용하여 사스래피와 꽝꽝나무를 식재하고 그 위에 창석위와 비단이끼로 마감

초물경 공예품작

초물경 공예품작

을 하였다. 위 손위에 현모암에는 풍란을 착생하여 꽃과 뿌리의 멋스럽고 아름다움을 즐기며 감향에 젖어본다. 소재로 쓰인 공예품에는 래커 스프레이로 적절한 분위기를 낼 수 있도록 한 것이다.

초물 분경 공예품작

시대의 벽을 넘나드는 통키타. 남녀노소 어린아이에서 늙은 노인에 이르기까지 모르는 사람 없고 싫어하는 사람이 없을 것으로 본다. 그런 악기가 많이 버려지는 것을 보면 풍요로워진 문명의 시대에 넘쳐나는 부산물이 아닌가 싶으면서도 조금은 씁쓸하다. 쓰레기통 옆에 버려진 통키타 두 개를 주어다 방부 처리한 다음 초물을 착생한 것이다.

소엽풍란을 주 소재로 하였으며 창석위와 콩짜개덩쿨 그리고 마삭줄을 착생하였다. 받침으로 통나무 판 목재를 사용하였으며 그 위에 실리콘을 사용하여 기타를 고정했다. 식물을 착생하는 과정에서도 식물전용 접착제를 사용했다.

풍란 공예품작

이 작품은 대나무 뿌리를 가공한 공예품이다. 뿌리를 조각하여 사람의 얼굴을 형상화한 작품이며 수염 부위에는 미세하게 쪼개어 수염으로 가공한 것이며 집안이나 상업공간에 장식용으로 사용하던 조각상이다. 이 조각상 역시 방부 처리하여 풍란과 일엽초를 착생한 작품으로 보는 사람의 시선을 잡을 만하다. 숱이 많은 사람의 머리를 상징하기 위해 풍란을 머리 부위에 밀식하였으며 볼 쪽에는 일엽초를 착생했다.

풍란 공예품작

인테리어 소품으로 활용하는 디스플레이용 지게를 소재로 하여 풍란작품을 연출하여 보았다. 저자가 보기에는 그럴듯한데 독자들이 보기에는 어떨지 궁금한 것도 사실이다. 지게 위 관솔을 잘 다듬어 땔감으로 사용할 수 있는 장작을 대신하여 연출하였다.

그 위에 소엽 풍란을 푸짐하게 착생하여 조화롭게 하였다. 생동감을 표출하기 위한 방법이라 할 수 있다. 그렇게 크지도 않으며 정서적으로 친근감이 들어 어느 가정이나 사업장에도 부담 없이 전시해놓고 즐길 수가 있는 것이 큰 장점이다. 물 관리에서도 스프레이

초물경 공예품작

풍란 공예품작

소품 풍란 작품

로 뿌려주기만 하면 되는데 일조량은 반 그늘로 유지해주는 것이 바람직하다.

풍란작 공예품작

심금을 울리는 악기 바이올린은 언뜻 생각하면 식물을 착생한다는 것은 상상하기 어려울 것이다. 하지만 고정관념을 깨고 보면 신기하기 그지없이 작품이 될 수 있다. 고장이 나거나 못쓰게 된 바이올린이 그냥 버려진다면 어쩔 수 없이 환경오염의 주범이 될 것이다. 하지만 생각에 따라 기발한 작품이 될 수 있다.

저자 역시 부자촌 쓰레기통 주변에 버려진 악기를 주어 방부 처리를 한 다음 이렇게 풍란을 착생했다. 풍란이나 양치류 종류를 착생하여 집안에서 키우는 것은 반려식물로서도 좋은 장점이 있다. 보는 사람의 시선에서도 웃음이 나오게 할 수 있고 우선 공기정화나 산소공급에서도 큰 효과가 있기 때문이다. 반면에 꽃이 피게 되면 그 향기는 온 집안에 진동할 것이며, 향기 치유 효과도 있어 키워 볼만한 식물이다.

풍란 바이올린 작품

224

직장에서 키우기만 해도 약이 되는 반려식물 분경 식부작

허수아비

훠이 훠이 훠이
외로이 서 있는 허수아비
온갖 시련과 아픔을 머금고
비바람을 맞음에도
하소연할 곳 없구나
훠이 훠이 훠이
고독에 스며드는 아픔
시려 오는 세상에 고통 다 지고
그 자리에 서 있는
모습은 평화롭구나
훠이 훠이 훠이
모진 풍파에
옷자락 찢기고 삭아
계절의 변함도
세상의 무상함도
뜻 없이 감내하는 것을 보면
해탈한 부처가 아니겠는가
온갖 시련을 견디어낸 허수아비
한들거리는 옷자락에
세상 시름 다 날려 보내주렴

PART
6

민속품 작품편

각박한 현대문명의 도심 속에 선조님의 혼이 담겨 있는 옛날 물건들은 다소의 애호가들이나 수집가들 외에는 안중에도 없이 천대 속에 사라져가는 것이 현실이다.

다양한 도부작 연출법

풍란 도부작

도부작이라는 것은 오래전부터 우리 조상이 생활 도구로 쓰던 항아리에 풍란을 착생시킨 작품을 말한다. 화려함에 구속되어 주변을 의식하며 살아가야 하는 현실은 시대적 빠른 행보라 할 수 있다. 각박한 현대문명의 도심 속에 선조님의 혼이 담겨 있는 옛날 물건들은 다소의 애호가들이나 수집가들 외에는

우리의 역사 속에 사용하던 생활 도구엔 삶의 고단함과 아련한 아픔이 공존한다.

풍란 도부작

안중에도 없이 천대 속에 사라져가는 것이 현실이다. 그래서 오늘은 그 중 하나인 항아리를 이용하여 도부작으로 탄생시켜 선조님들의 숨결이 새어나오는 고전적 미에 현대적 자연을 합쳐 집안에서 이중적인 작품을 감상하게 해보았다.

위 항아리는 옛날에 인분을 담아 나르던 항아리로 동장군이라 한다. 이 항아리에 풍란을 착생시켜 화려함을 극대화하여 보자. 우선 식물전용 접착제를 준비하고 풍란은 배양 통에서 나온 지 3년이 지난 난으로 근실한 것을 고른다.

다음은 분 속에 담겨 있는 뿌리 속 수태를 잘 정리하여 항아리에 미적인 구도를 잡아 붙여 내려간다. 이때 주의할 점은 밀식시키는 풍란이 한 그룹으로 번식되어 나가며 자연에서 사는 것처럼 보이게 하는 방법으로 차분하게 붙여 나가야 한다는 점이다. 무슨 작품이든 구도학에서 나온다. 특히 여백의 미가 잘 이루어져 있을 때 그 작품의 깊이는 평가될 것이며 보는 이의 마음을 사로잡을 것이다.

풍란은 피부미용과 신경안정에도 효과가 좋다. 신비한 향은 지구상의 천연향 중 으뜸인 반면 잎과 꽃 그리고 뿌리까지 그 관상 가치가 높다. 당연히 뿌리 부분에도 많은 신경을 써야 하는데 주의할 점은 접착제를 너무 많이 바르다 보면 백화현상이 일어나 흰빛으로 얼룩져 흉물스럽게 되는 것이다.

다 되었으면 반 그늘로 통풍이 잘되는 곳에 보관하고 충분한 물주기를 하며 관리하면 하얀 뿌리가 항아리에 힘 있게 뻗어 내리며 그 기풍을 드러낼 것이다.

풍란 도부작

도부작이란 흙으로 빚은 도자기에 난이나 야생초를 붙여 관상할 수 있는 이차적인 작품이라 할 수 있다. 도공의 손으로 빚은 자체만으로도 예술적인 가치가 높지만, 그 도자기에 생명을 불어넣는 작업이라 할 수 있으며 그 작업이 완성된 것을 도부작이라 한다.

풍란은 꽃과 잎, 그리고 뿌리 모두가 감상가치가 높은 식물이다. 작품이란 전반적인 구도가 잘 맞았을 때 그 깊이가 돋보일 것이며 장래가 촉망될 것이다. 이렇게 높은 기상의 소재에 난을 붙일 때는 칠부능선에서 사선으로 정교하게 붙이는데 식물전용 접착제를 사용하는 것이 바람직하다. 보통은 실이나 철사 등으로 묶는데 실리콘이나 글로건으로 붙이는 사람도 있다. 하지만 이 방법은 바람직하지 않다는 것을 참고하기 바란다.

풍란 도부작

풍란 도부작

도공의 숨소리가 들릴 듯하며 땀방울이 배어나올 듯한 도자기는 그 자체만으로도 예술성을 자아내며 관상 가치가 충분한 도예품이다.

하지만 미세한 흠집이나 가마 속에서 잘못된 것은 가차 없이 부숴버리는 예가 많다. 이런 비품의 도기를 가지고도 그 이상의 살아 숨 쉬는 작품으로 연출하여 관상 가치를 높이며 많은 사람의 시선을 모을 것

풍란 도부작

으로 본다. 아래 작품도 마찬가지로 도자기의 일관성인 흔적을 변화시키기 위해 동분을 바른 다음 부식하게 한 도북○○다.

풍란은 고목의 표피나 바위 겉에 붙어서 자라는 착생식물이다. 높이 3~15cm로 짧은 줄기는 몇 개가 모여서 함께 자라며 잎은 좌우 2줄로 빽빽이 나고 넓은 줄 모양이다. 잎은 딱딱하고 2개로 접히며 윗부분은 뒤로 젖혀지고 밑에 환절이 있다.

꽃은 7월에 피고 순백색이며 3~5개가 총상으로 달린다. 꽃자루는 밑부분의 잎집 사이에서 나와서 3~10cm 자란다. 꽃은 지름 1.5cm로 향기가 있다. 꽃받침 조각 3개와 2개의 꽃잎은 줄 모양 바소꼴이며, 길이 1cm 정도이고 끝이 둔하다. 순 판(脣瓣)은 혀 모양이며 육질이고 3개로 얕게 갈라진다. 꿀주머니는 줄 모양이며 길이 4cm 정도로 굽어 있다.

열매는 10월에 익는다. 홍도·흑산도에서 자라고 있는 풍란을 무분별하게 채취함에 따라 거의 사라지고 지금은 오히려 복원작업을 시작하고 있다. 한국(남쪽 섬)·일본에 분포한다. 많은 개량품종이 있다. 꽃은 흰색 또는 연분홍색이 있고 겹꽃도 있다. 잎은 좁은 것, 넓은 것, 흰색과 노란색 등의 무늬가 있는 것 등 여러 가지가 있다.

이런 천혜 자원을 사라지게 한 우리는 후손들께 무엇이라 변명을 할까? 그 또한 의심스럽다. 지금부터라도 우리가 보존하며 되돌려주기를 하여 복원시키는 사업에 충실해야 할 것이다. 풍란은 꽃도 여성의 한복 끝자락 일부를 보는 듯하며 순결함을 느끼게 하고, 그 향 또한 어느 향에 비유할 수 없을 정도로 깊다.

잘 손질한 풍란을 도자기 주둥이를 중심으로 다복하게 착생한다. 뿌리를 붙일 때는 반드시 나무젓가락이나 이쑤시개 등을 이용하여 미세한 접착제를 발라 뿌리 부분의 일면에 문질러 바른 다음 눌러 붙인다. 접착제를 많이 바르면 백화현상이 생겨 흉측스러워지며 풍란이 착생하는 데도 적잖은 영향을 받을 것이다. 그러므로 반드시 정교한 작업을 하여 기대치에 어긋나지 않도록 하길 바란다.

풍란을 다 붙인 다음 풍란과 도자기의 조화만으로도 충분하겠지만, 넉줄고사리를 공생시켜 강인함을 더해줌으로 음과 양의 조화를 이룬 작품을 만드는 것도 이색적이며 공감대를 얻을 것이다. 위 작품은 6년 정도 된 작품이다. 넉줄고사리가 너무 많이 번식하면 속 음질을 하여 다른 작품의 소재로 쓰면 좋다.

풍란 도부작

우리 역사의 산물이라 할 수 있는 굴뚝을 소재로 하여 풍란 도부작을 만들어보자.

옛날에는 도자기 굴뚝을 여러 개를 연결하여 연통으로 사용하였다. 특히 연탄 아궁이의 연통으로 많이 사용하였던 물건으로 지금 세대는 알 수 없는 역사 속에 사라진 민속품이다. 우리 곁에 함께 숨 쉬어오던 물건이라 그런지 정감이 가는 것이 사실이다. 여기에는 다양한 식물을 착생하여 즐길 수도 있겠지만, 굴뚝이라는 장점을 살려 굴뚝에서 연기가 나오는 것을 연상하며 연통 위에 풍란을 착생하여 시각적인 효과를 높인 작품이다.

풍란 도부작

풍란 도부작

장독대 하면 떠오르 게 있다. 어머니의 애환이 담겨 있는 전통 옹기 뚜껑이다. 그 위에 풍란과 쇠뿔석위를 착생하여 집안에서 즐길 수 있는 작품으로 연출한 것이다. 항아리 뚜껑의 중

초물경 민속품작

심부에 소엽풍란을 착생하였으며, 뒤편에는 쇠뿔 석위를 배식한 것이다. 표면에 붙은 난의 뿌리가 신비롭기 그지없다. 뿌리 부분에 강력접착제를 사용하여 붙이기를 하였다. 여름에 신아 뿌리는 스스로가 붙어나가는데 그 모습을 보면 더욱 신비롭다.

넉줄고사리 도부작

세월의 흔적을 앗아간 것은 아닐 텐데 마치 억겁의 세월을 짊어지고 한세월을 풍파와 싸워온 흔적 같은 아련함이 배여 있는 작품이다. 모질디 모진 생명줄 부여잡고 천길 벼랑 아래 기어 내리는 인고의 아픔을 감내하는 것은 고귀한 생명 그 자체뿐이다. 어떻게 저렇게 자랄 수가 있을까. 내내 보는 마음이 숙연해질 뿐이다. 어느 도공의 손으로 빚은 산물 옹기에 기어내리는 것은 분명 살기 위함일 것인데 누구 하나 그걸 알아주는 사람이 있을까? 그저 신비하다는 눈빛과 탄성뿐이다. 이런 작품을 집안에서 키우고 관리하다 보면 모든 잡념은 사라질 것이고 스트레스 또한 받지 않을 것이다. 신비감을 자아내는 넉줄고사리와 퉁명스럽게 생긴 전통 옹기의 만남은 필연인 듯하다. 너무 잘 어울린다는 말이다.

인간의 두뇌가 참으로 좋다는 표현을 써야 할 것인지 아니면 모질고 독하다는 표현을 써야 할 것이지 헷갈릴 때가 참 많이 있다. 특히 이런 작품을 연출하여 볼 때마다 그렇다. 옹기의 주둥이 쪽에 토탄을 사용하여 넉줄고사

넉줄고사리 도부작

풍란, 넉줄고사리 도부작

리를 착생하고 이끼를 잘 붙이며 자연스럽게 연출하였으며, 역시 반 그늘에서 관리하며 키운 지 3년 정도 된 작품이다.

도자기의 변신

도자기의 변신은 기발한 발상에서 시작된 것이라 할 수 있다. 요즘에는 취미 인들이 많아 도자기를 접할 기회가 많으며 옛날처럼 도자기의 귀중함도 사라지고 관리하기도 번거롭다는 이유만으로 내다 버리는 것을 종종 본다. 그런 도자기를 활용하여 식물을 착생하고 즐기는 방법을 알아보자. 우선 도자기의 공통화된 번들거리는 유약이 싫증 나며 식물과 매치가 안 된다. 하므로 도자기를 자연스럽게 변화를 주는 것이 바람직하며 식물을 붙였을 때 잘 어울릴 것이다. 여러 가지 방법이 있겠으나 동분을 칠하고 부식되게 하여 동 공예품으로 보이도록 하였다. 다음 호리병 주둥이 왼쪽에 풍란을 착생하였으며 오른쪽 뒤편에서 앞쪽으로 넉줄고사리를 착생하여 높낮이의 구도와 자연미를 살려 연출한 작품이다.

소엽풍란 옹기작품

도자기의 변신

아래 항아리는 옛날에 주병으로 쓰이던 것으로서 그 자체만으로도 소장가치가 있는 것으로 인정된다. 항아리 하면 정서적으로 민족의 혼이 담겨 있는듯 하여 아주 편안한 마음을 가지게 하며 어머니의 상징처럼 느껴지는 것은 부정할 수 없을 것이다. 고풍스러운 항아리 위에 풍란과 넉줄고사리를 착생하였다. 우선 잘 손질된 풍란을 주병 주둥이 아래 목 주변에 풍란을 착생시킨다. 착생시킬 때 반드시 식물전용 접착제를 나무젓가락이나 이쑤시개 등에 적은 양을 발라 뿌리에 칠하며 정교하게 붙인다. 다음은 넉줄고사리를 잘 손질하여 항아리 뒤쪽에 주둥이 아래쪽에 착생하여 조화롭게 연출한다.

깨진 항아리 도부작

우리 주변에 흔히 볼 수 있던 항아리가 세월의 진화 과정에 따라 현대 문명에 밀려 점차 살아저가는 실정이며 옛선조님의 흔적마저 묻혀가는 것이 현실은 안타까움을 금할 수가 없다. 신세대들이 빨리빨리 하며 살아가는 바쁜 시간을 요하는 시대에서 항아리는 부딪히면 깨진다는 단점과 장소를 많이 차지한다는 점에서 관리하기가 어렵다는 생각과 구시대적이라는 이유로 기피하는 현상이 많아 마치 우리나라 고유의 전통적 항아리가 맞은지 의심스러운 때가 있을 정도다. 하여 그 항아리를 이용하여 어머니의 인자함과 고향 같은 포근함을 지닌 향수에 젖어보자.

깨진 항아리나 금이 가 못쓰게 된 항아리를 핸디 그라인더로 본인이 원하는 형태의 모양으로 절개하고 절단된 면을 잘 갈아 부드럽게 한다. 다음은 금이 간 부위가 있으면 강력접착제를 사용하여 정교하게 붙인다.

그 다음에는 위에서 보는 그림처럼 항아리 안쪽에 동굴 속의 종류석을 연

초물경 도부작

초물경 도부작

초물경 도부작

상토록 입석 경 자연석을 고정하여 단조로움과 허전해 보이는 것을 막아주고 시각적 효과를 더욱 극대화한다. 이어 항아리 표면에 실리콘을 잘 펴 발라가며 마닐라 밧줄을 감아 차가워 보이는 도기에 온화함과 부드러움을 느끼게 하고 습기 유지와 뿌리 착생 하는데 도움을 줄 수 있도록 한다.

  우선 풍란을 준비할 때 큰 난과 작은 난을 준비한다. 붙이기에 앞서 분 속에 있는 뿌리 부분의 수태를 깨끗이 제거하여 물로 씻어준다. 다음은 준비한 큰 난을 뒷면 중앙에 자리를 잡아 정면 쪽으로 고개를 숙인 듯하게 착생시키며 좌우로 대칭을 이루어나가며 작은 난을 앞쪽으로 오면서 착생시켜 풍성하게 보이도록 합식하면 된다. 난을 다 착생한 다음에는 키가 큰 석곡을 뒤편 왼쪽으로 착생하며 앞쪽 오른쪽에는 고란초를 착생하여 자연스럽고 생동감을 더욱 느끼게 하면 된다.

항아리 안쪽에는 볕이 적게 들어오므로 그곳에 적절한 식물을 선정하는 것이 좋은데 저자는 고란초를 선택하여 착생시켜 음산함을 더해주고 청정지역의 옹달샘을 떠올릴 수 있도록 하여 스산함과 깨끗한 분위기를 강조하였다. 무슨 작품이든 친근감과 자연미가 있어야 하는데 위 작품은 차가움과 따뜻함을 강조한 작품으로서 미적 조화를 갖춘 작품이라 할 수 있다. 앞으로 많은 기대가 되는 작품으로 연구하며 지켜보기로 하자.

석곡의 효능: 강장보호, 건비, 건위, 관절염(화농성관절염), 구토, 냉한, 번갈, 병후쇠약, 산후부종, 소갈증, 소염제, 수종, 심번, 요독증, 요통, 음위, 자궁음허, 해열, 행혈 고란초 효능: 청열, 양혈, 이뇨해독, 상한열병, 번갈, 경풍, 편도선염, 세균성이질, 만성간염, 혈임, 혈변, 옹종

깨진 항아리 도부작

아스라이 높은 곳에 걸터앉은 풍란의 모습이 위태로워 보일 줄 알았는데 참으로 고귀하고 아름답구나. 어떠한 사물이든 재활용을 하더라도 안정감이 있어야 한다. 큰 항아리가 관리 부족으로 깨진 것인데 야생화를 착생하여 초물경작으로 만들어 감상하는 방법이다.

깨진 항아리를 어떻게 활용하느냐에 따라 전혀 다른 분위기가 보일 것이다. 항아리를 눕혀 분화를 만드는 방법이 있을 것이며 난이도가 높은 경 작품으로 만들 수도 있다. 작품은 작품다워야 하는 것이다. 그러기 위해서는 상상력과 기발한 아이디어를 찾아내는 습관을 가지면 많은 도움이 된다.

우선 깨진 항아리 부위를 핸드 그라인더를 사용하여 잘라내고 부드

초물경 항아리 작품

럽게 갈아낸다. 뒷면이 답답하게 보이는 것을 예술적 가치를 높이기 위해 원으로 구멍을 내어 시원함과 통기성이 조도록 하며 보는 이의 많은 생각과 이야기를 만들어낼 수 있도록 한다. 지구를 연상할 수 있을 것이며 달 속의 계수나무를 연상하게 하려는 의도적인 방법이다. 깨진 항아리라는 선입견을 없애기 위해 깨진 단면을 대칭으로 현무암 돌을 적절하게 붙여 마치 처음부터 그렇게 만들어진 것처럼 보이게 하는 것이 좋다. 식물을 착생하는 데에서도 미학적인 구도가 잘 맞아야 한다는 것을 명심하고 영구적으로 살 수 있는 식물을 선택하는 것이 좋다.

상단 부위에는 바닷가 절벽 바위에 자생하는 분위기를 만들기 위해 풍란을 풍성하게 붙였으며 허공에 뿌리를 내리기 때문에 신비감을 더하게 하였다. 중간부위 대칭을 이뤄 붙여 놓은 돌 위에 넉줄고사리를 착생하여 강인함을 부각하고 안쪽으로는 반 그늘 식물인 양치류 우단일엽을 착생하였으며, 하단 안쪽으로는 쇠뿔석의를 착생하여 푸른 초원을 상상하며 즐길 수 있도록 하였다. 작품은 여백의 미가 잘 되어 있을 때 관상하는 가치가 높을 것이며 많은 사람으로 하여금 탄성의 소리가 절로 나올 것이다.

초벌구이 도부작

초벌구이 도자기를 활용하여 도부작을 연출하고 즐기는 방법을 알아보자.

도자기 초벌구이라 함은 유약을 바르기 전 흙으로 빚은 상태를 저온에 구워놓은 것을 말한다. 그러므로 강도가 약하며 습도를 머금을 수 있는 상태이므로 그대로 활용하기에는 약하기 때문에 소재로 쓰기가 적절하지 못하다. 때문에 볕에 충분히 건조한 다음 강력 접착제를

초벌구이 도부작

투여하여 강도를 강하게 해야 한다. 그래야 반영구적인 작품으로 오래 소장할 수 있다.

다음은 유약을 바르지 않은 상태로 황토 흙색 그대로 있기 때문에 질감이나 시각적으로도 불안정하게 보일 수 있어 표면에 스프레이 등으로 칠 때문에 작품성을 높이는 것이 좋으며 그래야 감상하는 데 있어서도 한결 정감이 간다.

취미생활을 하는 과정에서 집안의 환경을 자연의 숲으로 개선하여 즐기는 방법이 있는가 하면 작은 소품으로 아기자기하게 연출하여 즐기는 방법이 있을 것이다. 또한, 적은 비용으로도 기발한 아이디어만 낼 수 있다면 고차원적인 취미생활을 할 것이며 많은 사람의 관심을 끌을 것으로 본다.

다 되었으면 풍란과 창석위, 쇠뿔석위 등을 착생하여 보자. 우선 잘 손질한 풍란을 도자기 주둥이 중앙에서 좌우로 비켜 착생시켜 나가며 한 매체로 보일 수 있도록 정교하게 작업을 한다. 풍란은 앞쪽으로 좌우 대칭을 이루어 붙이며 바깥쪽으로 약간 숙인 듯하게 보일 수 있도록 하고 뿌리는 일자로 펴 붙인다. 다음은 풍란 뒤편으로 창석위와 쇠뿔석위를 조화롭게 착생시켜 멀리 있는 나무로 보일 수 있도록 원근감이 확실하게 보이면 더욱 좋을 것이다.

갑발 도부작

도편. 도침. 갑발로 작품을 만들어보자. 갑발이라는 것은 고급 청자를 구울 때 보호용으로 도자기를 담는 큰 그릇이다. 규석(硅石)이 많이 섞인 것으로 높은 온도의 불에서도 보호할 수 있도록 잘 견디는 점토(粘土)를 사용하여 만든 것인데, 도자기를 구울 때 가마 안의 이물질이나 불똥이 떨어지는 것을 방지하며 갑발 안에 있는 도자기가 변형되는 것을 방지하고 일정한 온도를 유지하도록 하는 보호용 그릇으로 사용하였다. 형태는 원통형이다. 위 갑발의 연대는 약 800년이 지난 것으로 추정된다.

분경이든 석부작이든 모든 초물경작은 소설가가 무한한 상상력을 자아내 글로 표현하는 것과도 같다. 글을 쓰는 소설가도 어떠한 사물에 비중을 두고 표현한다. 분경이나 석부작도 마찬가지다. 기발한 아이디어를 자아내며 만들어지는 완성도는 감정에 따라 다를 수는 있겠지만, 그 결과는 본인만이 느끼는 희열감을 맛보게 될 것이다.

갑발 초물경작

비밀에 쌓여 있던, 천 년 세월의 흔적이 밝은 빛을 만난 듯한 갑발은 생활도구로 사용하던 민속품과도 궁합이 잘 맞으므로 적절하게 매치시키는 것도 바람직하다. 그래서 깨진 항아리와 갑발과 도편을 이용하여 작품을 만든 것이다.

우선 깨진 항아리를 그라인더를 사용하여 깨진 면을 매끄럽게 갈아내고 사포 등으로 문질러 준다. 다음, 갑발과 도편을 조화롭게 이어 붙여 절묘한 구도가 맞아 하나의 가마터에서 일그러져 만들어진 형상을 보는 듯하게 하는 것이 중요하다. 깨진 항아리 파편을 모아 쇠절구에 깨어 그 가루와 강력접착제를 사용하여 붙이면 색감도 잘 맞아 이질감이 나는 것을 방지할 수 있다.

다 완성되었으면 분사기를 사용하여 물로 깨끗이 씻어낸 다음 식물을 착색한다. 맨 위에는 항아리 주둥이가 아늑한 울타리를 연상하게 되어 정감이 더욱 간다. 항아리 안쪽의 갑발 위에 반려식물을 착생하여 풍요로움과 고고한 자태가 보는 이의 마음을 더욱 편안하게 하며 생동감을 줄 수 있도록 하였으며, 중간 능선을 타고내리며 척박한 바위틈에 끈질긴 생명력의 신비함을 더하게 했다. 아래쪽에는 작은 돌단풍을 붙여 음산한 계곡의 분위기를 연상할 수 있도록 마무리하였다.

15일 정도 반 그늘에서 관리하다 점차 통풍이 잘되는 곳에 두고 관리를 하는 것이 가장 좋은 방법이다.

도편경작

도편경작은 옛 가마터에서 청자 보호용으로 쓰이던 그릇이 고열에 의해 일그러져 못쓰게 된 파편이라 할 수 있다. 그 파편을 모아 아름다운 경을 만들어 식물을 식재하여 자연의 산수경을 아름답게 재연하는 자연 예술 작품이다. 도편경작은 가마터에서 나온 부산물이기 때문에 돌과는 또 다른 분위기가 사람의 마음을 사로잡는다. 일반인이 접하기 어려운 소재라는 단점이 있으나 반면에 희소가치가 높다. 도편경작은 석부작 문화의 한 분야에 관상 가치를 높이는 경작으로서 한국에서 개발한 독특한 원예 가치를 지닌 중요한 산물이라 할 수 있다. 도편경작이란 인간의 손으로 빚어져 인간이 버렸던 부산물인데 현대문명이 발달함에 따라 그 부산물을 찾아내 특유의 작품성을 높이는 경작이다. 따라서 우리나라 사람의 정서에 맞는 산물로서 자연에서 자생하고

돌단풍 도편경작

있는 초본식물과 관상원예식물을 붙이고 심어 작은 자연 경관을 연출 조성한 것이며 우리 문화적 유산이기 때문에 더욱 정감이 간다.

　세계 어느 나라의 기록을 보아도 도편을 이용하여 만든 경 작품의 기록은 찾아볼 수가 없기에 우리 고유의 창작 원예문화 소산이라고 말할 수 있다. 이런 숨겨져 있던 자원을 개발하고 발굴하여 세계에 알리며 우리 소유 재산권을 확실하게 보장할 수 있는 대안도 있어야 할 것이다. 예로부터 전해 내려온 분경 석부작이나 분재작품의 역사는 약 1,500여 년 전의 중국에서 시작되어 한국이나 일본에 전해져 오늘날에 이른 것 또한 사실이다. 그러나 도편경작품은 분재나 분경 석부작에 비해 알려지지는 않았으나 앞으로 기대되는 연구 대상임이 틀림없다. 사람이 살아가는 데 있어 모든 구성의 기본요소와 원리는 자연에서 비롯된다. 인간이 추구하는 자연의 경관이나 가고자 하는 방향은 같을 것이다. 자연 속에 모든 이상이 들어 있어 긴장감 넘치는 경관 속에 수많은 경치의 산물을 직접 찾아다니며 보고 즐기는 체험을 하며 사진 촬영이나 자료를 수집하여 본인의 색깔을 찾아내는 것이 자신이 추구하는 작품을 만들어내는 핵심적인 방법이라 할 수 있다.

다양한 민속품작

풍란, 창석위 민속품작

우리의 역사 속에 사용하던 생활 도구엔 삶의 고단함과 아련한 아픔이 공존한다. 위 절구도 회한이 묻어나는 역사의 한 페이지나 다름 없다. 이제는 책갈피 속에서나 볼 수 있는 정도. 달 속에서 토끼가 절구질을 하는 전설의 이야기 등 참으로 애환이 서려 있는 생활 도구이다. 이런 절구를 모아 방부 처리하여 집안에서 즐길 수 있는 반려식물 작품을 구사한 것이다.

나무라는 점을 고려하여 방부를 잘해야 반영구적으로 즐길 수가 있을 것이다. 방부 처리하는 방법은 앞에서도 거론하였으니 참고하기를 바란다. 닭 튀긴 폐유가 다 스며들어 마른 다음 소엽풍란을 상단 부위에 착생하고 중간부위에는 창석위를 착생하였다. 다 착생한 다음 반그늘에서 물주기를 하며 관리하다 보면 난 뿌리가 절구에 붙어 내리며 기대감이 충만해질 것이다. 집안의 환경을 개선하고 공기 정화 능력이 뛰어난 풍란과 창석위는 집안에서 키우기만 해도 약이 되는 치유식물이며 외로움과 우울감에 큰 효과가 있어 권장하는 식물이다.

초물 분경 민속품작

우리나라의 역사와 숨결을 함께 해온 장고는 참으로 애환이 서려있는 악기가 아니던가. 한과 흥의 산물인 장고소리 하나만으로도 듣는 이의 마음을 사로잡고 심금을 울리는 역사의 산물 장고. 그 생을 다하여 쓰레기로 전락하였지만 다행스럽게도 저자의 눈에 띄어 이렇게 혼을 불어넣은 작품으로 다시 탄생된 것이다. 장고의 소재를 살펴보면 모든 재료가 다 물만 닿으면 썩을 수 있는 나무와 소가죽, 삼베로 이루어졌다.

때문에 방부 처리를 잘해야 영구적인 작품으로 오랜 시간 즐길 수가 있을 것이다. 앞에서 방부 처리하는 방법을 열거한 것처럼 닭튀기고 나온 폐유를 사용하면 천연 방부 처리용으로 그만이다. 물기나 습도가 없이 잘 말

풍란, 창석위 민속품작

린 다음 닭 튀기고 나온 기름을 흠뻑 바른 후 며칠 말린 다음 다시 바르기를 3-4회 반복한다. 그렇게 여러 차례 바르고 말리기를 하다보면 기름이 소재의 피부 깊이 스며들어 방부가 잘 된다. 손으로 만져 기름이 묻지 않을 때 식물을 착생하면 되는데 이때 식물은 착생식물을 선정하는 것이 바람직하며 이 작품에서는 풍란과 창석위 두 종류를 착생했다.

무슨 작품이든 구도가 가장 중요하다. 너무 빈약하거나 너무 많이 붙여 답답하면 좋은 작품이라 할 수 없을 것이다. 위 작품에서 보는 바

초물경 민속품작

와 같이 소엽풍란을 주 소재로 하고 창석위를 가미하여 단조로움을 보강한 것이지만 원금감과 풍요로움을 부각하도록 한 것이 목적이다. 풍란이 꽃이 피면 집안의 환경은 완전히 달라진다. 그 향기가 가히 집착이 간다. 물론 공기 정화는 물론이고 산소공급과 습도 조절에서도 집안의 환경은 확연하게 달라진다. 그렇다면 이런 반려식물은 망설임 없이 키워야 하지 않을까. 향기뿐만 아니라 소리까지 들림직하여 더욱 애착이 가는 작품이다.

이렇게 다 완성이 되었으면 반 그늘에서 관리하며 물주기만 잘해도 우리에게 충분히 보답하는 아주 좋은 식물이기에 독자분들도 꼭 이런 장고가 아니더라도 집안에서 쓰다 버려지는 생활 도구를 재활용하여 이런 작품으로 만들어 키워보시길 권장하는 바이다.

초물 분경 민속품작

이 작품에는 아버지의 애환이 듬뿍 배여 있는 생활 도구로 사용하던 지금은 골동품이라고 불리는 물건이다. 농산물과 땔감을 어깨에 지어 나르던 지게. 우리도 어려서 많이 지어본 경험이 있는 산물이다. 지금이야 원동기와 자동차를 사용하여 운반하기 때문에 도심 속에서는 박물관에서나 찾아야 볼 수 있는 물건이다.

지게 위에 있는 것은 인분을 넣어 거름으로 사용하기 위해 지어 나르던 똥장군이다. 아버지들 시대의 산물을 어루만지며 생각에 잠겨보곤 하지만 마음 한켠에 회한이 묻어나는 똥장군. 저자는 지어본 경험은 없어도 그 시대의 고단함은 조금이나마 이해를 할 수 있다. 시대적인 변화에 잊혀져 가는 산물이지만 저자와 인연이 되어 이렇게 초물경 작품으로 탄생하게 되었다.

지게와 똥장군 모두 방부 처리를 여러 차례 하여 집안에서 키우기 좋은 초물을 착생한 작품인데, 많은 사람이 공감하며 궁금해 한다. 특히 고향을 떠난 실향민들의 애환이 묻어나는 물건이기 때문에 공감하는 바는 더욱 큰 것으로 본다.

똥장군의 상단 부위에 풍성하게 착생한 소엽풍란은 우리에게 있어 많은 정감이 있으며 누구나 손쉽게 키울 수 있는 식물이다. 자연에서의 풍란 군락지를 연상하도록 풍성하게 붙여 놓은 것이며 뒤쪽을 배경으로 창석위를 착생하여 기폭을 조화롭게 잡은 것이다.

지게의 앞쪽으로 창석위를 착생하였는데 고목의 아래 부분에 착생해 서식하는 창석위를 생각한 것이다. 반면 중간중간에 항암 효과가 좋은 넉줄고사리를 착생하여 집안의 환경개선에도 많은 생각을 했다는 것이 특징이다. 항암효과가 좋은 넉줄고사리, 피부질환에 좋은 풍란 지혈 효과에 좋은 창석위, 집안의 환경개선은 물론 산소공급과 미세먼지 흡입에서 습도 조절까지 많은 영향을 주는 반려식물이다.

관리 요령을 말하자면, 직사광선을

민속품 지재, 똥장군 작품

피하는 것이 좋으며 양치류 종류로 연출된 점을 고려하여 물주기를 게을리 하면 활착하는데 몸살을 많이 할 수가 있으니 신경 써서 물주기는 흡족하게 주는 것이 바람직하다. 비료는 액비를 약하게 타서 주는 것이 좋다.

나무 함지박 초물 분경작

역사의 숨결이 묻어나는 흔적이 요소요소에 배여 있는 생활 도구로 사용하던 물건인데 관리 부족으로 나무가 많이 상했지만 고태미는 더욱 많이 나는 작품이다. 목부작으로서는 최고의 걸작품이 아닌가 싶다. 썩은 부위가 군데군데 있는데 그곳을 잘 다듬어내고 사포질을 하여 거친 부위를 부드럽게 하고 방부 처리 6회를 하여 반영구적으로 즐길 수 있다.

나무 함지박 상단 부위에 소엽풍란을 착생하기 시작하여 사선으로 번식하는 듯한 모습으로 연결하였다. 7부 능선쯤 양쪽으로 쇠뿔석위를 착생하였다. 반면에 하단부위에도 쇠뿔석위를 착생하여 부등변 삼각형을 이루어지도록 연출하여 예술적인 표현을 하였으며 돌단풍을 한 켠에 착생하여 함지박의 여백을 잘 살린 것이다.

어떤 작품이든 여백의 미라고 하는 공간의 여유로움과 편안한 감이 느껴져야 한다. 또한 식물을 듬성듬성 심은 것으로 보인다든가 연결성이 없으면 시선 집중이 안 되므로 좋은 작품이라 할 수 없으니 가장 신경을 많이 써야 한다. 즉 맥이 끊어지면 안 된다는 것이다.

풍란은 흙이 없어도 잘 살지만 다른 식물

나무함지박 초물경작

은 흙이 가장 중요하기 때문에 작품을 연출할 때는 흙에 가장 많은 신경을 써야 한다. 이 작품에서는 토탄을 사용하였으며 비단이끼로 마감하였다.

풍란 주병작

이름 모를 도공의 혼이 배여 있는 전통 옹기, 아마도 주병으로 추정되는 그릇이다. 둔탁하고 중량감 있어 예사롭지 않은 그릇인데 골동품 상회 한켠에 진열이 되어 주인을 기다리고 있는 것인데 저자와 인연이 되었다. 주병만 진열해 놓아도 전시효과가 충분한데 저자는 손이 근질거려 그냥 놓고 볼 수가 없어 이렇게 풍란을 착생했다. 모든 사물은 누구를 만나느냐에 따라 감상하는 방법과 관리하는 방법이 다를 것이다.

풍란을 착생하여 매일 물을 주며 마주하고 이야기를 나눈다. 혼잣말로 중얼거리며 바라보고 있는 시간만은 모든 잡념에서 해방되는 순간이다. 꽃이라도 피어 있을 때면 코끝은 쉴 새 없이 실룩거리며 삼매경에 빠진다. 이렇게 매력적인 풍란은 크기도 작지만 성격이 좋아 어느 환경이든 잘 적응하는 편이라 실물에 관심이 있는 사람이라면 누구나 손쉽게 키울 수 있다

풍란 호롱불작

어둠을 밝혀주던 그 시절 그때에는 무척이나 소중하고 꼭 있어야만 했던 생활 도구 등잔이다. 위에 있는 물건은 호야라고 하는 등이고 아래쪽에 있는 물건은 호롱불이라 불리는 물건이다.

많은 분들이 이 등불을 보는 순간 입가에 미소가 번지지 않을까 생

주병 작품

각해본다. 문명의 발달 때문에 역사의 뒤안길에 묻혀버린 생활 도구 등불이다. 한때는 우리의 밤을 밝혀주는 길라잡이 같은 역할을 하였지만 이제는 박물관에나 가야 볼 수 있는 희귀한 물건으로 골동품이라는 이름이 걸맞은 듯하다.

그때 그 시절에는 이런 등불마저도 기름 닳는다 불 꺼라 하시던 할머니의 잔소리가 배여 나옴직한 역사의 산물 앞에 회한이 묻어난다. 저자는 그런 등불에 생명을 불어넣고자 하는 욕심을 부려본다. 불을 밝히던 등불 대신 풍란을 착생하여 신비감을 더한 작품으로 연출하고자 기발한 아이디어를 내보았다.

꽃이 피어 있는 것을 보면 마치 불이 켜져 있는 듯한 착각에 빠지기도 하며 등불의 심지에서 피어나는 듯한 향기에 취해보곤 한다. 호야등이라고 하는 등은 초롱불 이후에 등장한 등불이며, 그때 당시에는 최신형이라 신기한 점도 컸던 것으로 기역 된다.

풍란 민속품작

위 등불은 일본에서 들어본 물건이며, 아래 등불은 우리와 함께 해온 전통적인 물건이다. 목재로 만들어진 등잔이며 4면에 유리가 끼여져 있어 바람이 불어도 꺼지지 않게 되어 있다. 이 등은 나무이기 때문에 방부를 잘해야 오랜 시간 소장하여 즐길 수 있다.

풍란 키작

예로부터 선조님들의 손때가 묻은 생활도구로 대대손손 전해 내려오는 가장 낯익은 도구이며 정감이 가는 민속품이다. 곡식에서 이물질을 골라내는 역할을 해온, 이 키는 대나무를 절개하고 다듬어 엮은 것으로 불과 십수 년 전까지만 해도 농촌에서는 필수품이었다. 그러나 세상의 변화는 급속도로 빨라 어느덧 천대받으며 쓸모없게 되어 옛날 골동품이 되고 말았다. 저자는 이런 키를 준비하여 방부 처리를 하고 풍란을 착생시켜 이색적인 작품으로 연출해보았다. 옛 민속품을 자연

풍란 키 작품

스럽게 접하고 풍란의 신비로움까지 느끼게 하며 많은 사람들의 깊은 관심을 끌게 하려는 취지가 있는 작품이다.

목부작이나 민속품은 절대적으로 방부에 신경을 써야 하며 제대로 된 방부 처리를 할 때 반영구적인 작품으로 소장할 수 있을 것이다. 방부하는 방법은 위에서 말한 방부 처리하는 방법을 참고하길 바라며, 참고로 저자의 작품은 4년을 넘어가고 있다. 민속품이라는 점을 고려하여 단아하고 정감이 가는 작품을 만들기 위해 풍란 한 가지만 착생하였다. 언뜻 보기에는 단조로워 보일 수도 있겠지만, 그 단조로움을 장점으로 부각하고자 하여 풍성하게 착생한 것이다. 위에서 보는 것처럼 꽃이 다 만개하고 나면 시각적인 풍요로움과 후각적 그윽한 향기에 취해 눈을 뗄 수가 없을 정도이다.

깨진 돌절구

자연의 위대함을 또 한 번 느끼며 경이로움에 고개를 숙이지 않을 수 없다. 자연에서 얻은 사물은 뭐 하나가 쓸모없는 것이 없으므로 감사하지 않을 수가 없다.

위 작품은 돌절구인데 추운 겨울에 물이 담겨 있어 얼어 터져 버려진 것을 주웠다. 깨진 부위를 강력접착제를 사용하여 붙이고 아래쪽에 적당한 돌을 고정한 다음 야생초를 착생시킨 것이다. 관통 넘어 무

민속품 초물경작

한한 상상의 세계가 있음직한 작품을 구상하며 원을 상징하는 것이 무엇일까, 생각해보았다. 지구, 달, 해 그 외에도 많은 것이 있겠지만, 그 이상의 상상은 독자의 몫이다. 이 작품에서는 머리라 할 수 있는 상단 부위 정면에는 풍란을 착생시켜 높은 절벽 아래로 뻗은 듯한 뿌리의 관상을 즐기게 하고 풍란의 자태를 돋보이게 하였으며, 뒤쪽에는 넉줄고사리를 착생시켜 넉넉함을 강조하여 돌의 차가움을 온화한 느낌으로 돌리고자 한 것이며, 원안에는 쇠뿔석위를 착생시켜 달 속의 계수나무를 연상할 수 있도록 하였다. 지피식물로는 애기자금우와 콩짜개넝쿨, 황금 고사리를 착생하였으며 이끼로 마감처리 하여 예장하는 작품이다.

작두샘

우물을 두레박질하여 길어 먹던 시절에 발달한 작두(수동 펌프)샘이다. 땅속에 있는 물을 작두질 하여 끌어올리는 방법으로 60~70년 시대의 상징물이다. 샘을 의미하는 전라도 사투리. 손잡이를 사용해 아래위로 힘을 가하여 물을 품어 올리곤 하였던 기구로 지금은 추억의 상징으로 보기 어려운 기구이다. 그런 기구를 요즘에는 모조품으로 만들어 장식용으로 많이 사용하고 있다.

옛 정취가 풍기는 물건으로서 정감이 가며 고향의 향수를 느낄 수 있어 어머니의 그리움이 더욱 생각나게 하는 온화함을 느낄 것이다. 아래부위에는 도기 화분을 뒤집어 작두샘을 단단하게 고정하였다. 손잡이는 움직이지 않도록 강력접착제를 사용하여 고정하였으며 더욱 자연스럽게 하려고 현무암 돌을 붙였다. 펌프 맨 위에 풍란을 착생하여 물의 상징을 부각하도록 하였으며, 아래부위에는 쇠뿔석위와 돌단풍을 식재하여 계절의 변화를 느끼도록 하였다. 전면 앞에는 좀마삭을 심어 아래쪽으로 늘어지도록 유도하여 가을의 아름다운 단풍을 즐길 수 있도록 하였다.

작두샘 초물경 작품

집안에서 키우기만 해도 약이 되는 반려식물 본격 셀프치

돌 단풍

그대 그리움 절벽 바위틈에 걸어놓고
오시려나 지새우는 밤
당신이 오기까진
너무나 가슴 아픈 세월

서성이던 태고의 긴 잠에서
깨어나는 모습은
하늘의 빛으로 눈이 부시기만 한데

그리움 한 조각 움켜쥐고
풀잎에 맺은 이슬이 얼까
두려움뿐

온기라곤 느낄 수 없는 차디찬
바위를 부둥켜안고 애무하며
찾아드는 모습은 동공 속에
붉은 꽃으로 향기롭기만 하구나

PART 7

재활용품 작품편

인간은 자연의 소중함을 망각한 채 훼손과 오염을 대수롭지 않게 생각하며 나 한 사람쯤이야 하는 생각으로 너무도 당연시하며 자연을 오염 시키는 일이 비일비재하다.

다양한 재활용품 작품 연출법

야생초 PVC 활용작

　버려지는 PVC 파이프를 이용하여 지구에 하나밖에 없는 나만의 작품을 만들어 어울리는 식물을 식재하고 감상하며 즐기는 방법을 알아보기로 한다. 먼저 소재로 쓰일 파이프 부분을 수집하여 노폐물을 깨끗하게 씻어 볕에 말린다. 다음에 도치램프를 활용하여 끝부분을 누굴누굴하게 달구어 원하는 기장이 되도록 이어 붙인다.

　높낮이의 크기를 조화롭게 하여서 하고자 하는 종류를 만들어 놓은 다음 전체적으로 열을 가해 잡아당기며 비틀어 울퉁불퉁하게 하여 찬물에 담가 열을 식혀 놓은 다음 석재용 에폭시를 이용하여 밑판에 고정한다. 그 다음에는 청동으로 만든 조형물로 착각에 빠질 수 있도록 동분을 칠한다. 동분을 칠한 다음 오래된 청동으로 보이게 하려면 부식 칠을 하면 동으로 만든 공예품이 오랜 세월 흘러 부식된 것으로 보이며 고풍스러워 소장하고 싶은 충동을 더욱 강하게 한다.

　위 작품에는 마삭줄과 창포를 일정 부위에 착생시켰으며, 하단 부위에는 차나무를 황금고사리와 조화롭게 착생시켜 차꽃이 피면 꽃 향에 푸름을 더해주는 찻잎의 싱그러움과 청동의 차가운 이질감에 조

꽃이 피었을 때를 기다리며 은은한 향기에 취하고 싶은 상상에 빠지기도 한다.

화를 이룬 작품으로 많은 사람의 시선을 집중시킬 것으로 본다. 참고로 아래 사진은 7년이란 세월이 지난 작품인데 그동안의 흔적을 말하려는 듯 풍요로움과 고태 미가 넘쳐나는 작품이다. 많은 사람에게 호감을 느끼도록 한 이 작품은 전시회를 통해서도 많은 인기를 차지하였다.

효능에는, 건강 생활을 돕고 운동계 질환을 다스리며, 간염, 강장보호, 관절염, 관절통, 구열, 보혈, 산후복통, 안태, 어혈, 이뇨, 인후염·인후통, 임파선염, 종독, 진통, 출혈, 타박상 등에 좋은 효과가 있는 약용 식물이다. 가을이면 붉게 물드는 단풍은 관상 가치를 높이는 식물이며 앞으로도 많은 기대가 되는 식물이다.

창석위 부표 활용작

세월의 흔적은 무언의 약속이라도 한 듯이 진화하여가는 과정이므로 사람의 머리 또한 진화되는 것을 부인할 수 없을 것이다.

옛날부터 내려오는 바다의 천혜자

PVC제활용 마삭줄 작품

PVC제활용 마삭줄 작품

원인 생선과 해산물을 가두어 양식할 때 사용하던 부표를 보더라도 한 시대의 흐름을 실감할 것이다. 바닷가를 거닐다 보면 버려져 흉물스럽게 나뒹구는 산업 쓰레기가 되어버린 부표를 주어다가 야생 약초를 착생하여 작품으로 만들어 즐기는 방법을 알아보기로 하자.

우선 준비한 부표는 깨끗이 손질하여 물기를 말린 다음 스프레이 페인트를 가지고 표면에 이질감이 나도록 적당하게 칠을 한다. 다음에는 실리콘을 위 상단 부위에 적당한 양을 조절하여 고무장갑을 낀 손으로 문질러 펴 바른 다음 말린 토탄이나 코코피트 등으로 뿌려가며 눌러준다. 다 되었으면 볕에 말리면 된다. 위 부표는 화학성 물질로 만들어진 제품이라는 단점이 있어 물기를 머금을 수 없기 때문에 양치류를 착생시키는 것이 바람직하다.

창석위 부표활용작품

실리콘 위 토탄이나 코코피트가 다 말랐으면 그 위에 젖은 토탄을 골고루 바른 다음 창석위를 올려 조화롭게 착생시킨다. 이때 갓 쪽에는 반드시 식물 전용 접착제를 가지고 식물이 움직이지 않도록 붙여준다. 창석위는 남성적인 강인한 힘이 있어 보이므로 소장하며 키워볼 만한 식물이다. 다 되었으면 위에 토탄이 흘러내리지 않도록 비단이끼나 우단이끼 등으로 토탄위에 덮어 붙인다. 완성된 작품은 실내베란다의 반 그늘에서 11~15일 정도 관리 후 점차 일조량을 높여준다.

창석위 부표 활용작

미래 지향적인 삶을 요구하는 요즘 첨단 시대를 살아가는 우리 인간은 잘 먹고 잘 입고 잘 사는 데만 신경 쓰며 살아온 것 같아 마음이 무겁다. 자연 속의 미생물에 불과한 인간은 자연의 소중함을 망각한 채 훼손과 오염을 대수롭지 않게 생각하며 나 한 사람쯤이야 하는 생각으로 너무도 당연시하며 자연을 오염 시키는 일이 비일비재하다.

창석위 작품

그 중 하나로 웬만한 바닷가 어디를 가든 폐그물을 비롯하여 어장의 부표로 쓰이던 것까지 널려 있을 정도로 많은 것을 보게 된다. 저자의 눈에는 그 부표가 엄청난 자원으로 보이며 재활용으로 사용하여 야생초를 착생시켜 바다와 산이 만나는 하나의 작품으로 만들겠다는 발상을 떠올려 여러 개의 부표를 주어 트렁크에 실어왔다.

   작업장에 도착하여 깨끗이 씻어 볕에 말린 다음 래커 스프레이를 사용하여 이색적인 분위기를 낸다. 다음 상단 부위에 실리콘을 발라 문지른 다음 코코피트나 토탄을 발라 건조하도록 한다. 건조된 부위에 야생초를 착생시키면 되는데 될 수 있으면 양치류를 선택하는 것이 좋다. 부표는 보습력이 없으므로 토탄을 사용하며 착생하도록 하는 것이 바람직하다. 위 작품에서는 넉줄고사리와 창석위를 착생하여 벽걸이용으로 이색적인 작품으로 탄생하여 많은 사람의 사랑받고 있는 바 야생초 취미생활 하시는 독자 분들께서도 시도하여보길 권고한다.

풍란 부표 활용작

   풍란하면 크게는 대엽풍란 소엽풍란으로 나뉜다. 그림에서 보는 위의 작품에 붙여 놓은 난이 대엽풍란이며 아래 작품이 소엽풍란이다. 풍란 취미생활은 다른 식물과 달리 고급 취미라 할 수 있다. 특히 옛날부터 묵객들과 선비들의 취미생활용으로 많은 인기가 있었다.

   요즘에는 조직배양란이 많이 나와 가격도 저렴해지고 많은 사람들이 즐기는 식물이며 대중화되어가는 현실이다.

   풍란은 꽃, 뿌리, 잎 모두 관상 가치가 높으며 특히 향기가 일품이다. 한 포트만 집안에서 꽃이 피어도 온 집안에 향기가 가득 할 정도이며 우리에게 있어 건강에도 매우 좋은 식물이다. 때문에 반려식물로 충분한 가치가 있다. 이 작품에 사용한 소재가 무엇인지 궁금해 할 것으로

부표 풍란작품

본다. 이 작품의 소재는 바다 양식장을 하는 곳에서 사용하는 부표이다. 이렇게 버려진 부표는 바닷가에 가면 산더미처럼 쌓여 있는 것을 종종 볼 수 있다.

환경오염에 큰 문제가 되는 이런 플라스틱 부표를 주어다 깨끗하게 씻어 말린 다음 동 부식 칠을 하여 청동으로 보이게 하여 풍란을 붙이면 된다. 풍란은 뿌리 자체가 수관부로 이루어져 있어 상하지 않게 주의를 하는 곳이 좋으며 접착제를 사용하는 경우 너무 많이 바르는 것은 바람직하지 않다.

대엽풍란은 촉수가 잘 나오지 않으므로 촘촘히 붙이는 것이 좋으며 소엽풍란은 대엽풍란과 달리 촉수가 잘 나오는 편이므로 드문드문 붙이는 것도 괜찮다. 처음에 난이 흔들리지 않게 잘 고정만 해주면 뿌리는 여름에 스스로 잘 착생하는 편이다.

부표 대엽풍란작

　보시는 바와 같이 부표 표면에 잘 착생하여 자리를 잡으면 시각적인 면에서도 어떠한 식물을 키우는 것보다 좋은 취미생활이라 할 수 있다. 식물을 키우다 실패하는 경우가 많은데 이런 경우를 분석해보면 사람의 욕심에서 그런 결과가 나오는 것으로 본다. 비료라든가 영양제를 과용하는 경우가 많으며, 겨울에 동해로 인한 실패가 가장 많은 것으로 본다. 과유불급이라는 말대로 적절한 관리에 비중을 두고 관리하는 것이 가장 좋은 방법이다. 관리는 반 그늘에서 연한 액비를 주며 물관리를 잘하면 되는 식물이다.

넉줄고사리(골쇄보) 부표 활용작

　넉줄고사리에 얽힌 일화가 있다. 옛날 중국의 어느 왕이 왕비와 함께 사냥을 나갔다가 왕비가 말에서 떨어져 그만 다리가 부러지는 사고

넉줄고사리 작품

를 당했다. 사냥을 나온 터라 의원도 없고 난감해하는 그때 하인이 이름 모를 풀의 줄기를 돌에 짓찧어 왕비의 다친 부위에 붙이도록 했다. 그 후 궁에 돌아와서도 그 식물을 달여서 먹고 붙이자 빠른 완치를 보았다.

왕은 그 식물의 이름을 하인에게 물었으나 그 하인도 식물의 이름을 모른다고 하여 왕이 뼈를 보호한다는 식물이니 골쇄보라 이름을 붙였다고 한다.

넉줄고사리(골쇄보)는 성질이 따듯하고 평하며 독이 없고 맛은 쓰다. 어혈을 풀어내 지혈효과와 접골과 악창을 낫게 하며 충을 없애준다. 한방에서는 모강, 석모강, 석암려, 석약강, 후강, 쇄보, 넉줄고사리라고도 부른다.

효능엔 골다공증, 타박골절, 골대사질환, 골성관절염, 진통, 진정, 고지혈증, 요통, 치통, 탈모, 항암, 자양강장의 약효가 있다.

이렇게 좋은 약초가 집안에서 키우기만 해도 효능을 볼 수 있다. 그렇다면 어떻게 키우는 것이 좋은가 알아보자

이 작품에서는 주로 바다의 양식장에서 사용하는 부표를 활용하여 만든 작품이다. 넉줄고사리는 양치류 식물이기 때문에 바위 표면이나 나무 표피에서 자생하는 식물이다. 따라서 분에다 심는 것보다는 이렇게 착생하여 키우는 것이 바람직하다. 우선 부표 표면에 접착제를 사

용하여 토탄과 이끼를 붙여놓은 다음 그 위에 넉줄고사리를 잘 펴 붙이면 되는데 급하게 하지 말고 차분하게 한 가닥씩 마감 지어 나가는 것이 좋다.

완성되었으면 직사광선보다는 반 그늘 식물이라는 점을 감안하여 차광을 하는 것이 좋다. 직사광선을 너무 강하게 받으면 잎이 빨갛게 타들어 간다. 물관리는 오후 시간에 흡족하게 주는 것이 좋다. 줄기가 뻗어나가는 것을 보면 신비감을 느낄 것이고 공기정화라든가 산소공급에서도 좋아 집안의 환경개선에도 좋은 식물이다.

산호수 플라스틱 활용작

이 작품에서 주목할 만한 점은 분이다. 시각적으로 보기에는 고태 미가 나며 정적으로 보여 보는 이의 마음을 빼앗을 수 있을 것이다. 분의 소재는 일반적으로 원예용 관엽을 심어 놓는 플라스틱 화분이다. 우선 이 용기 두 개를 수집하여 깨끗이 씻어 말린 다음 밑바닥 부위에 실리콘을 발라 접합하면 된다. 접합한 부위가 완벽하게 마른 다음 플라스틱 분 외부면 부위에 실리콘을 발라가며 부직포를 붙여 나간다. 이때 주의할 점은 한 번에 실리콘을 너무 많이 바르면 말라 부직포 붙이기가 어려움으로 적당한 넓이로 칠하는 것

산호수 분화

이 바람직하다. 부직포는 삼베나 마직으로 되어 있기 때문에 볕을 오래 보게 되면 삭아 부서지는 단점이 있으므로 반드시 실리콘을 듬뿍 바르는 것이 좋다.

다 되었으면 완벽하게 말리고 나서 분에 굵은 모래를 깔고 중앙에 백량금을 심어 꽃과 열매를 관상할 수 있도록 하고 둘레 쪽으로 산호수를 심어 늘어트린다. 화분 면에는 콩짜개덩굴과 넉줄고사리를 식물전용접착제를 사용하여 붙이고 나서 관리하다 보면 부직포 표면에 이끼가 생성된다. 식물의 번식으로 말미암아 고태 미가 나고 재활용으로 그 이상의 작품성 있는 독특한 분화를 관상하며 즐길 수 있다.

초물 분경 벌집 활용작

인간은 참으로 머리가 좋은 것 같다. 벌들의 건축 기술 벌집에서 힌트를 얻어 인간이 살아가는 건축에 많이 응용하기도 하였다는 자료들이 참으로 많이 있다. 하지만 저자는 벌들이 살다 나간 빈집을 물을 줘도 썩지 않게 가공처리하고 초물경작품을 만든 것이다. 6단으로 만들어진 벌집은 보면 볼수록 신비감에 빠진다. 고가구로 사용하던 물건인데 그 위에 벌집을 고정하여 초물을 착생하였는데 보는 사람마

벌집 초물경작

다 신기하게 생각하며 질문이 참으로 많다. 식물 소재는 풍란과 애기석위 돌단풍을 착생하여 생동감을 주고 신비감을 주었다는 것이 장점이다.

아래부위에는 고가구인데 방부 처리를 하여 토탄을 깔고 돌단풍과 콩짜개덩쿨을 착생하였으며 버려지는 질그릇을 고정하였다. 뒤쪽에는 양치류 주름고사리를 착생하고 비단 이끼를 조화롭게 배열하여 자연에서 자생하는 모습을 흉내 낸 것이라고 말하고 싶다. 앞으로 잘 자리 잡은 모습을 기대하며 저자의 생각과 연구 결과를 발표한 것이라는 점도 알아주길 바란다.

풍란 대왕 조개 활용작

지구상에 참으로 많은 생명체가 존재한다. 우리나라에서는 볼 수 없는 생물이지만 이렇게 큰 대왕조개 껍데기를 접하면서 많은 생각을 하

대왕조개 풍란작품

게 되었다. 개 눈에는 무엇만 보인다는 말이 실감 난다. 멋진 작품을 만들겠다는 생각으로 머릿속에는 많은 그림을 그리기 시작한다. 식물 선정은 풍란을 선택하고 대엽풍란과 소엽풍란을 소재로 준비하였다.

대왕조개 양쪽으로 대엽풍란을 착생하여 풍성함과 광활함을 표현하였으며, 중앙 뒤쪽으로는 소엽풍란을 착생하여 아스라이 먼 곳에 서식하는 식물의 군락지를 표현하고자 한 것이다. 조개껍데기는 알칼리성이기 때문에 식물 선정에서도 신경을 쓰는 것이 바람직하다. 앞으로도 기대되는 작품이며 꽃이 피었을 때를 기다리며 은은한 향기에 취하고 싶은 상상에 빠지기도 한다.

인생 길

떠나간 세월을 등에 업고
앞을 보니 예쁘던 꽃송이 송이마다
잎을 떨어뜨리네
높은 바람이 앞을 막고
파도가 험난해도
삭풍에 떨어진 파란 낙엽
그 위에 새겨진 생이 찾아와도
손 내밀어
잡아주는 친구들이 있고
봄을 향해 숨어오는
희망의 내일이 있음에
봇짐 하나 풀고 인생길을 간다

집안에서 키우기만 해도 약이 되는
반려식물 분경 석부작

발행일 2022년 10월 12일

지은이 조우현
발행인 이수하
펴낸곳 마음시회
편집 임유란

등록 2021년 4월 12일(제2021-00012호)
주소 서울시 마포구 월드컵로 41-1 정일빌딩 4층
전화 02-336-7462
팩스 0504-370-4696
이메일 maumsihoe@naver.com

ⓒ 조우현 2022

값 38,000원
ISBN 979-11-978469-6-0 (03810)

잘못된 책은 바꾸어 드립니다.
이 책의 판권은 저자와 마음시회에 있습니다.
양측의 동의 없는 무단 전재와 복제를 금합니다.